老HRD
手 把 手
▼
系列

H!R

第二版

老HRD手把手教你
做绩效考核

实操版

马同华◎著

中国法制出版社
CHINA LEGAL PUBLISHING HOUSE

企业人力资源管理"手把手"丛书
专家顾问委员会成员

隆　雨　京东集团首席人力资源官及法律总顾问

王文萍　奇虎 360 人力资源总监

张如国　新东方教育集团助理副总裁兼人力资源总监

马永武　腾讯学院院长

胡劲松　乐视网人力资源高级总监

蔡元启　海尔集团全球人才平台总监

高晓宇　酒仙网资深人力资源总监

李　琳　凤凰网人力资源中心总经理

徐惠来　清华同方本部人力资源总监

刘　莹　恒安集团人力资源总监

张晓春　新奥集团人力资源总监

杨　勇　安踏集团总裁助理兼人力资源总监

王珏珅　宇通客车人力资源总监

陈毅贤　北京中科金财科技股份人力资源副总裁

黄治民　北京北斗星通科技股份人力资源副总裁

周留征　北京东土科技股份副总裁

刘亚玲　北京华胜天成科技股份人力资源总经理

刘法圈　联想控股融科智地房地产人力资源总监

赵小兵　敦煌网人力资源高级顾问

张成强　京翰教育集团人力资源总监

周　博　中国电信翼支付人力资源总监

张　萌　光大永明人寿保险人力资源部总经理

李　瑛　东方国信人力资源总监

肖冬云　天音通信人力资源总监

王文涛　凌云光子集团人力资源副总裁

李美平　远光软件股份有限公司副总裁

薛　燕　天极传媒集团人力资源总监

王永贤　北京立思辰科技人力资源副总裁

王志成　亿龙集团人力资源副总裁

刘立明　北京建谊投资（集团）高级副总裁

张银昆　北京合纵科技股份人力资源副总裁

李　亮　万达集团人力资源管理中心副总经理

刘海赟　易车网人力资源中心总经理

高文举　微才网首席执行官

廖　亮　中国邮政人力资源总监

陈　沁　亚信集团薪酬福利总监

张　欣　北京华联商厦人力资源总监

兰　雨　人人网人力资源总监

赵东辉　拉卡拉人力资源总监

俞　波　新中大软件股份有限公司人力资源总监

王立平　北京久其软件人力资源总监

李默成　大公国际人力资源总监

姜　杉　中金数据科技人力资源总监

陈守元　易华录科技股份人力资源总监

张　琰　紫光集团人力资源部经理

徐冰雪　工商银行数据中心人力资源部经理

曹　冰　恒宝科技人力资源总监

郭　奇　北京盛百味餐饮集团总经理

企业人力资源管理实践领域一大盛事

我国企业从二十世纪九十年代开始人力资源管理转型，历经二十多年的发展，水平仍然参差不齐，有些企业已经进入战略人力资源管理阶段，同时也有不少企业仍然在人事管理阶段徘徊。究其原因，一是企业领导人对人力资源管理的认识不到位，二是人力资源管理专业人员的业务能力不达标。现有的出版物在服务企业家学习人力资源管理方面基本是够用的，但在提升人力资源专业人员的业务能力方面，则尚有缺欠。师带徒、边干边学仍是中国企业人力资源新兵们"习武"的主要方式。

人力资源管理是一门致用之学，既有系统深入的理论基础，又有复杂多变的操作规则和艺术。综观书市，以人力资源管理为题的教材和理论性书籍林林总总、数不胜数，但完全由业界人士撰写的实战型精品却难得一见。中国法制出版社联手国内顶尖名企的人力资源高管共同打造"老 HRD 手把手系列丛书"，契合此领域学习资料之短板，可谓年轻人力资源管理业者之幸。

这套丛书的出身决定了它的独特个性。

1. 作者"道行深"：优秀的作者才能写出优秀的作品。这套丛书的"爸爸妈妈"们都是硕士学历，接受过高水平的系统教育。他们从基层一步一步成长为人力资源高管，经历过多番变革，处理过多种矛盾，至今奋战在企业人力资源管理第一线。他们不仅深谙人力资源管理理论，更精通人力资源管理操作技巧，可以说，他们都是"有道行"的人，是有能力写出既有"仙气"又接"地气"的作品的人。

2. 内容"实"：本书的内容以"实战、实用、实效"为导向，书中所有实践经验均来自国内一流名企，这些公司都具有鲜明的代表性。书中不仅有文字描述和对理念、原则的介绍，而且有大量"开袋即食"型的流程、工具和表格，新手可以借此实现本公司实践与优秀公司经验之间的无缝对接。

3. 文字"简"：本套丛书没有将"简单问题复杂化"，没有赘述枯燥的管理理论，表达简洁直接，便于读者快速把握要点。

4. 主题"全"：本套丛书涵盖企业招聘、绩效、培训和薪酬等各项职能，每本书又覆盖了一项职能中几乎所有的细节，可谓人力资源管理实操大全，为企业构建规范化、精细化人力资源管控体系提供了一整套解决方案，也为人力资源专业人员成为全能型选手提供了十八般兵器。

正是因为本套丛书的以上特点，我很高兴、很荣幸写这个小序，一是向读者朋友推荐这些书，二是向作者致敬、祝贺。这套书不仅适用于企业人力资源管理专业人员中的新手和生手，也值得老手们参考。它山之石可以攻玉，在一个企业做久了，思路容易有局限，相信这套书也能给老手们带去清新之风。

我还要从高校教师和学生的角度感谢作者和出版社。大部分教授人力资源管理课程的老师都没有人力资源管理的实战经验，学生也难有机会全面了解企业人力资源管理的真实面貌，这套书把企业实践搬到师生眼前，虽不能代替调研和实践，却能让师生离企业更近。对高校的教学活动而言，这套书是很有价值的参考资料。

高境界的管理要做到知行合一、科学性与艺术性的有机统一，在这套"老 HRD 手把手系列丛书"里，我非常欣慰地看到了这一点。这同时也启发各位读者：尽信书不如无书，要将他人的经验和自己的实情相结合。人力资源管理有科学和普遍的成分，也有艺术和特殊的成分，把先进企业的经验作为铺路石去开拓自己的路，才是正确的做法。本书的价值在于告诉读者要做什么、怎么做、为什么做，至于是不是自己做、做到什么程度，则没有标准的答案。

中国企业的转型升级已经进入了关键阶段，人力资源管理在未来必将扮演越来越重要的角色。祝愿中国企业的人力资源管理能伴随企业的改革发展达到新的高度！祝愿中国的人力资源管理同仁薪火相传，打造一支能被企业领导和员工高度信赖的专业队伍，共同让人力资源成为中国企业决胜商场的第一资源！

——清华大学经济管理学院

领导力与组织管理系副教授

曲庆

　　某研究机构做过一项社会调查，分析人的第一需求是什么，结果是"要使自己进步"。进步就意味着比较，比较就要看结果好坏，最后就是要提高个人绩效，可以说，人生是一个追求进步的过程，也是一个提高绩效的过程，绩效贯穿于每个人的一生，绩效提高了，生命的品质就提高了。于人而言，是这样；于企业而言，更是如此。员工绩效的提升，带来部门绩效以至企业绩效的提升，具体到结果，这个绩效可能是经营指标，也可能是管理指标。比如，销售和利润增加，设备的产能提高，客户满意度的提升，制造成本的降低，等等。

　　以上所述，可以总结为"多"、"快"、"好"、"省"，这就是人们常说的绩效结果。所谓"多"，就是数量比原来增加了，多了多少，用数据说明，具体到指标，"销售目标达成率100%"，假设年初定的目标是10亿元，年终销售额也是10亿元，表示销售目标达成率为100%，这个100%，就是目标完成指标。但这并不表示只是完成了目标，有可能年初定这个目标时，就已经比原来的销售额增加了一定的比例，也就是销售额比原来增加了，一般来讲，视行业不同，这个比例在20%-30%之间，这就是绩效中的"多"。所谓"快"，就是在一定时间内，所完成的工作量有所增加，用数据表示，再具体到指标，"交货及时率99%"，这个指标是制造企业中最难实现的，因为不可控因素太多，跨部门、多部门影响着这个指标的完成，所以这个指标有时关联的考核部门很多，比如销售部、采购部、计划部、生产部等，有时人力资源部门也会关联，比如人员招聘是否及时。所谓"好"，就是质量比以前有所提升，或者满意度比以前有所提高，具体到指标看数据，比如"品质合格率 99.99%"、"客户满意度 85%"等。就单个产品而言，质量只有合格与不合格之分，就整批产品而言，在制造的过程中，要达到每个产品都合格，是有难度的，所以品质检验很重要，有时为了发现那 0.01% 的不合格品，需付出很多努力，最终目标是出货时品质合格率达 100%。客户满意度也是一个反映"好"的绩效指标，这个"好"，一是指交期准时，二是指产品合格，三是指售后服务满意。所谓"省"，就是指成本降低，从指标看数据，比如"采购成本降低 2%"、"产品损耗降低 0.5%"等。我们所说的采购成本，其实是材料成本，一般企业材料成本往往占产品成本的 65% 以上，如果能将材料成本降下来，那直接就是利润，所以企业对采购部门很重视。在产品制造的过程中，产品损耗的大小，直接影响产品制造成本，在合理的产品损耗范围内，生产部门有节约时，一般会给予奖励，对合理损耗范围外的，一般会给予惩罚。总之，"多"、"快"、"好"、"省"是企业绩效管理中的一道红线，考核评估时以此为准则，把握好这个方向，再根据不同的企业性质和规模加以调整，使绩效考核达到公平、公开、公正，并让企业利润倍增，持续经营。

绩效考核最早起源于英国，是西方公务员制度的一项重要内容，是提高政府工作效率的中心环节。我国的绩效考核起步于改革开放时期，20 世纪 90 年代随着人事管理让位于人力资源管理后，被我国广东沿海地区的大型企业所应用，人力资源管理中的绩效考核模块，正是在那个时候开始被人力资源管理者所认识。

绩效考核是一项管理技术，是人、事、钱三者既相互关联，又相互依存的关系。人是绩效考核的主体，这个主体，因能力、态度的差异，使事情的结果不同，钱根据结果的不同，而产生或多或少的变化。主体态度、能力的差异影响着事情结果的不同，而事情不同的结果又决定着钱的多少，绩效考核的目的，就是将这种差异缩小，每个管理者，特别是想从事人力资源管理工作的人，都应该研究绩效考核，从各个方面有效降低企业成本，挖掘人的潜能，提高工作效益。

绩效考核不是简单的打分与评价，而是企业绩效管理过程中的一种手段，本质上讲是一种过程管理，绩效考核的最终目的，并不是单纯地进行利益分配，而是促进企业与员工、客户与供应商的共同成长，从而形成一个良性、共赢的利益共同体，持续循环发展。目前国内大多数企业都在推行绩效考核，但真正应用得好的企业并不多见，尤其是中小型民营企业，不管是季度考核，还是月度考核都成了形式，逐步陷入绩效"只考不管"、"考而无用"的困境，或者说越考核员工士气越低，越考核企业成本越高。针对这些现象，本书借势而为，从绩效考核理念到绩效考核规划，再到绩效考核实战，最后通过绩效考核案例，教你如何从一位绩效专员新手，成长为绩效高级经理，并能成功落地在企业推行全员绩效考核。

作为一名资深的人力资源总监，我在多家大型集团公司制定绩效考核制度，建立绩效考核体系，搭建绩效考核竞争平台，塑造企业绩效文化方面从无到有，从简单到有效，都能落地实施，本书正是根据这些年绩效考核的丰富实操经验加以提炼而成，是难得的关于绩效考核的"干货"，希望能给人力资源管理者，特别是在人力资源部门从事绩效考核工作的人带来一些启示与帮助。

马同华

CONTENTS 目录

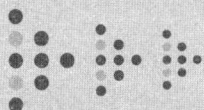

第**1**章

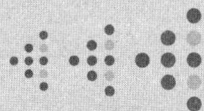

新手上路，全面认识绩效考核

绩效考核新手上路指引

从故事中理解绩效考核

初学者五步骤学会绩效

实实在在动脑动手操作

活学活用潜力逐步提升

如果你是企业一名 HR 绩效考核的新手，无论你之前看过多少关于绩效考核的书籍，或者听过多少关于绩效考核的课程，我相信，此时此刻，你印象中关于绩效考核的概念，其实是模糊的，关于什么是绩效，什么是绩效考核，脑海里并没有一个清晰的标准答案。为什么会出现这种情况呢？因为绩效考核是一个操作过程，是以目标为导向的一个具体行为结果，并不是大会开始的开场白，也不是领导的发言稿，而是根据工作职责，确定行动目标，运用讨论的标准，对员工过去的行为、方法，进行合理的评估，得出一个公正结果的过程。

01 绩效与绩效考核的概念

同大家分享一个关于绩效考核问题的小故事。

据说美国华盛顿广场有名的杰弗逊纪念大厦，因年深日久，墙面出现裂纹。为能保护好这幢大厦，专家们进行了专门研讨。最初大家认为损害建筑物表面的元凶是酸雨的侵蚀。专家们进一步研究，却发现对墙体侵蚀最直接的原因，是每天冲洗墙壁所用的清洁剂。那为什么每天要冲洗墙壁呢？是因为墙壁上每天都有大量的鸟粪。为什么会有那么多鸟粪呢？因为大厦周围聚集了很多燕子。为什么会有那么多燕子呢？因为墙上有很多燕子爱吃的蜘蛛。为什么会有那么多蜘蛛呢？因为大厦四周有蜘蛛喜欢吃的飞虫。为什么有这么多飞虫？因为飞虫在这里繁殖特别快。而飞虫在这里繁殖特别快的原因，是这里的尘埃最适宜飞虫繁殖。为什么这里最适宜飞虫繁殖？因为开着窗以致阳光充足，大量飞虫聚集在此，超常繁殖……由此发现解决的办法很简单，只要关上整幢大厦的窗帘。此前专家们设计的一套套复杂而又详尽的维护方案也就成了一纸空文。我们处理绩效问题，若能这样透过重重迷雾，系统思考，追本溯源，综观整体，抓住事物的根源，往往能够起到四两拨千斤的功效。就如杰弗逊纪念大厦出现的裂纹，只要关上窗帘就能节约几百万美元的维修费用，这是那些专家始料未及的。那么我们在遇到重重问题迷雾的时候，真的能关上窗帘吗？这就是绩效要解决的问题。

绩效源自管理，是绩与效的组合，其基本含义是"成绩"与"效果"。绩就是业绩，是一种结果，体现企业的利润目标；效就是效果，是一种行为，体现企业的管理成熟度。在人力资源管理方面，绩效是指主体行为或者结果中的投入产出比，可以定义为"个人、团队或组织从事一种活动所获取的成绩和效果"。绩效就是结果，就是收获，是投入了要素之后的产出，付出了成本之后的收益。凡是有活动，就会有结果，即绩效。绩效有大有小，有好有坏，按照活动参与主体是个人、团队还是组织分类，可以分为个人绩效、团队绩效和组织绩效。对一个组织内的关联活动而言，个人绩效、团队绩效和组织绩效既有区别又有联系。一方面，三种绩效的层次不同、大小有别；另一方面，三者又联系密切，团队绩效取决于个人绩效，组织绩效又取决于团队绩效。绩效是组织中个体在特定时间内的可描述的工作行为和可测量的工作结果，以及组织结合个体在过去工作中的素质和能力，指导其改进完善，从而预计该个体在未来特定时间内所能取得的工作成效的总和。

绩效是一个组织或个人在一定时期内的投入产出情况，投入指的是人力、物力、时间等物质资源；产出指的是工作任务在数量、质量及效率方面的完成情况，要想得出一个具体的数据，由此衍生出了绩效考核的概念。

绩效考核（Performance Assessment）是一项系统工程。绩效考核的定义是：企业在既定的战略目标下，运用特定的标准和指标，对员工过去的工作行为及取得的工作业绩进行评估，评估时根据员工职级的差别，采用不同的考核方法或手段，并运用评估的结果对员工未来的工作行为和工作业绩产生正面引导的过程。

明确这个概念，可以明确绩效考核的目的及重点。企业在制定发展规划、战略目标时，为了更好地实现这个目标，需要把目标分阶段分解到各部门，最终落实到每一位员工身上，也就是说，每个人都有任务。绩效考核就是对企业人员完成目标情况的一个跟踪、记录、考评的过程，绩效考核是有时效的，对被考核主体过去行为及结果进行评价并对其未来产生影响。

从绩效考核发展历史来看，它最早起源于英国，是西方公务员制度的一项重要内容，也是提高政府工作效率的中心环节。1854-1870 年，英国文官制度改革，注重表现、看才能的考核制度开始建立，并开始实行按年度逐人逐项进行考核的方法，根据考核结果的优劣，实施奖惩与职位升降。绩效考核的实行，充分调动了英国文官的积极性，提高了政府行政管理的科学性，改善了政府的廉洁与效能。英国文官考核制度的成功实行，为其他国家提供了经验和榜样。美国于 1887 年也正式建立了考核制度，强调文官的任用、加薪和晋级，均以工作考核为依据，论功行赏，称为功绩制。此后，其他国家纷纷借鉴与效仿，形成各种各样的文官绩效考核制度。这些制度有一个共同的特征，即把工作实绩作为考核的最重要内容，同时对德、能、勤、绩进行全面考查，并根据工作实绩的优劣决定公务员的奖惩和晋升与否。西方国家文官制度的实践证明，考核是公务员制度的一项重要内容，是提高政府工作效率的中心环节，各级政府机关通过对国家公务员的考核，有利于依法对公务员进行管理，优胜劣汰，有利于人民群众对公务员进行必要的监督。

西方文官制度的成功实施，使得有些企业开始借鉴这种做法，在企业内部实行绩效考核，通过考核对员工的表现和实绩进行实事求是的评价，同时也要了解组织成员的能力和工作适应性等方面的情况，并作为奖惩、培训、辞退、聘任与晋升等实施的基础与依据。

我国的绩效考核起步于改革开放时期，20 世纪 90 年代随着人事管理让位于人力资源管理后，这一制度被我国广东沿海地区的大型企业所应用。人力资源管理中的绩效考核模块，正是在那个时候开始被人力资源管理者所认识，一些大中型企业开始推行绩效考核，并在人力资源部设立绩效专员职位，负责企业绩效考核工作的实施，有些集团化企业也开始在集团总部设立绩效主管或绩效经理职位，也有企业设立绩效总监，这为推行绩效考核的专业人才提供了职业生涯发展通道，使绩效在人力资源模块中显得尤其重要。

02 | 绩效就是看业绩和效果

前面已经讲过，绩效就是指业绩和效果，准确地讲，业绩不是考出来的，而是做出来的，绩效考核促进了绩效，使业绩得以提升，效果得以改善。

首先谈业绩。它是指完成的事业和建立的功劳，体现在结果上就是具体的目标。这个目标是分层次的，从大到小来看，有组织的目标，也有团队的目标，还有个人的目标。目标管理能保证企业向着设定的方向前进，实现目标或者超额完成目标可以给予奖励，如奖金、提成及相关福利等，还有部分是日常工作职责要求，如业务员除了完成销售额目标以外，还要开发新客户，提交市场分析报告，完成这些工作后，可以获得对等的工资。

其次谈效果。它是指由某种动因或原因所产生的结果，包括纪律和品行两方面，纪律包括企业的规章制度，完全遵守纪律的员工，可以得到奖励和荣誉，如表彰、发奖状等；品行，是指个人的行为，俗话说"小用看业绩，大用看品行"，只有业绩突出且品行优秀的人员才能得到企业的重用和晋升。

绩效考核作为人力资源管理的核心环节，其有效性也是人力资源管理的决定性体现，高效的人力资源管理已经成为企业发展与成功的战略性选择，绩效考核是服务于人力资源管理的一个主要环节，为其提供各项基本数据，根据这些数据分析员工，以做到事得其人，人尽其才，才尽其用，人事相配。绩效考核运用得当，可以提高员工的工作热情，改善员工的工作效率，增强企业的凝聚力，以此提升企业的市场竞争力；反之，则会使得员工对企业制度反感，工作效率降低，导致人才流失，企业市场竞争力下降等，这也就决定了企业要建立一套科学高效的绩效考核制度，在激烈的市场竞争中占得一席之地，取得竞争优势。

"老鹰抓小鸡"的游戏，大家小时候都玩过，为什么老鹰很难抓到小鸡？因为队伍的头一摆，尾巴甩得很远，老鹰根本抓不到。绩效考核也是一样的道理，公司目标就如同小鸡，那么公司员工就是老鹰，如果员工只知道今天的工作任务，这个星期的工作计划，却不知道这个月的工作目标，抑或如果你的主管只知道这个星期、这个月计划做什么，不知道今年应该做什么，那么公司的年度目标就不清楚，没有了目标，缺少了参照物，业绩从何谈起？

绩效考核是人力资源管理科学高效的基础，是人员任用的依据，"没有无用的人，只有放错位置的人"。只有充分了解员工，做到人尽其才，才能更好地明确每个职位对于员工的要求，从知识技能到精神面貌再到职业素养等，通过这些判断员工与该职位的契合程度，即胜任力。通过考核还可以了解到其工作动机、性格特质等与职业发展的匹配度，以实现人力资源的有效配置。

作为人力资源部绩效专员，企业绩效考核的推动者，我们在实施考核的过程中，最重要的是通过绩效考核指标的设立，让员工明确正确的工作方向；通过绩效考核数据的输出，让员工了解工作现状与工作标准的差距；通过绩效考核面谈，让其知道与上级主管沟通的重要性。正因如此，绩效成绩与效果才能在考核中得到验证。

验证主要体现在绩效工资。员工的工资一般分为两个部分：基本工资和绩效工资。基本工资是按职级薪距区分，而绩效工资的分配与员工的绩效考核得分息息相关，所以一说起考核，员工的第一反应往往是绩效考核就是扣工资，这是不懂绩效考核，绩效考核的最终目的并不是单纯地多发或少发工资，而是促进企业与员工的共同成长。

绩效工资是薪酬的一部分，薪酬和绩效在人力资源管理中，是两个密不可分的环节。在设定薪酬时，一般将薪酬分解为基本工资和绩效工资，绩效工资正是通过绩效予以体现，所以，对员工进行绩效考核时，其结果也必须落实在薪酬上，否则绩效和薪酬都失去了激励的作用。

因此，员工的绩效考核一定要做到公平、公正、公开，要做到这点，必须遵循以下几点要求：

1. 清晰的目标

对员工个人进行绩效考核的目的，是为了实现部门团队的目标，只有各个部门的目标达成了，企业组织的盈利目标才能实现层层分解、层层落实，最终形成共赢。

2. 量化的标准

考核的标准一定要客观，量化是最客观的表述方式。很多时候企业的绩效考核不能推行到位，沦为走过场，大多是因为标准太模糊，要求不量化。

3. 良好的心态

一个企业推行全员绩效考核，除了绩效考核体系的完整外，还必须全员达成共识，要求员工具备相应的文化底蕴和职业化的素质，形成与之相匹配的绩效考核文化。相同的价值观、良好的职业心态才能保证绩效考核顺利推行。

4. 科学的方法

虽然说员工绩效考核不只是为了利益，但在个人成长与增加薪资两者之间，百分之八十的员工会选择后者，所以说绩效考核是为百分之二十的人设立的福利，因为根据"二八定律"，这百分之二十的人，可以带来百分之八十的效益。

除了与利益挂钩外，考核还必须与员工的晋升挂钩，这样才能引起企业从上至下的重视，才能激发员工的潜力。然而绩效加薪与职位晋升，是一把双刃剑，好则相互追赶，相互超越；坏则相互排斥，相互争斗。因此，绩效考核的管理部门及绩效考核的推动者绩效专员或者绩效主管，要设计科学的绩效加薪方法及职位晋升通道。

以下是绩效加薪的几个步骤，也是初学者最简单易学且能应用的实操方法。

【步骤一】确定绩效加薪的时间。一般来讲，绩效加薪时间设定为年初或年终比较合适，这对于调整绩效工资基数及更改绩效考核指标较为容易。

【步骤二】制订绩效加薪预算。如果公司员工总数为 1000 人，公司对加薪的预算为 8%，高于年度 GDP 增长率，公司月度发放的基本总薪资是 800 万元，则 8% 的加薪预算是 64 万，加薪预算便于控制人工成本，防止绩效加薪变成大锅饭。

【步骤三】绩效评估结果统计。按一定比例划分绩效等级，一般来讲，一个企业员工绩效表现比例大致分为优秀、良好、合格和不合格四个等级，所占比例如表 1-1 所示。

表 1-1　绩效等级与员工占比分配表

绩效等级	优秀 A	良好 B	合格 C	不合格 D
员工占比	20%	40%	30%	10%

【步骤四】根据实际绩效统计员工薪资对比率取值范围，假设上分位百分比是 15%（薪资对比率超过 75%），高分位百分比是 40%（薪资对比率在 51%–75%），中分位百分比是 25%（薪资对比率在 26%–50%），下分位百分比是 20%（薪资对比率低于 25%），如表 1-2 所示。

薪资对比率 =（目前薪资 – 薪资下限）/（薪资上限 – 薪资下限）× 100%

表 1-2　薪资对比率表

分位	上分位	高分位	中分位	下分位
员工占比	15%	40%	25%	20%
对比率	>75%	51%–75%	26%–50%	≤ 25%

【步骤五】确定绩效加薪矩阵图。将员工绩效等级的分布比例乘以员工薪资对比率的分布比例，确定绩效矩阵图中每个单元格的员工百分比，形成绩效矩阵图。同时，我们要把握好两个维度，即企业内部所处职位等级薪资差异和外部同行业职位等级薪资差异，这里分内部和外部两个矩阵表表示，如表 1-3、表 1-4 所示。

表 1-3　内部薪资对比率的绩效加薪矩阵表

工资增长幅度		员工薪资内部对比率			
		上分位	高分位	中分	下分位
		>75	51%–75%	26%–50%	≤ 25%
绩效评价等级	优秀 A	9%	11%	13%	15%
	良好 B	7%	9%	11%	13%
	合格 C	5%	7%	9%	11%
	不合格 D	3%	5%	7%	9%

表 1-4　外部薪资对比率的绩效加薪矩阵表

工资增长幅度		员工薪资外部对比率				
		超过外部薪酬水平的 20%	低于外部薪酬水平的 10%	基本持平	超过外部薪酬水平的 10%	低于外部薪酬水平的 20%
		>1.2	0.8-0.9	0.9-1.1	1.1-1.2	<0.8
绩效评价等级	优秀 A	9%	11%	13%	15%	18%
	良好 B	7%	9%	11%	13%	15%
	合格 C	5%	7%	9%	11%	13%
	不合格 D	3%	5%	7%	9%	11%

　　绩效加薪的方法很多，要结合企业现有薪酬模式进行，相对于绩效加薪的永久性，如果每年都要实施绩效加薪，无疑会增加企业人工成本。有些企业就采用一次性发放绩效工资的方法，解决处于上分位员工薪资不断上涨，突破薪酬体系的困惑，也有企业采用绩效加薪和一次性绩效工资交替使用。

　　总之，绩效加薪总额要控制在绩效工资预算范围内，使企业人工成本得到有效控制。

03　定量指标体现管理能力

　　在企业的绩效考核体系中，由两个重要的指标体系组成，一个是定量指标，另一个是定性指标。绩效考核指标的设定确立了员工绩效考核的内容和标准，是绩效辅导、绩效考核及绩效改进的重要依据。

　　定量指标体现的是财务类及经营性的成果，主要表现在当期或近期的企业成果，具有简单明了、较易实施、约束力较强、独立性较高的特点，量化的考核结果可以在个人和组织之间进行比较。

　　企业绩效考核指标设计是一个逐步完善的过程，指标的量化也要随着企业内部管理的完善而逐步加大力度。尤其是针对中小企业或刚起步不久的企业，由于该阶段企业主要是抓销售，内部管理能力还不足以支持获取过多的定量指标数据，因此，要想做到定量指标多一些不是一件可以立竿见影的事。

单独从考核指标量化来看，考核指标应分阶段地根据企业的实际情况来设计，尤其要考虑数据的获取成本，并随着内部管理能力的提升来逐步完善，不必过分要求一步到位。

为使初学者对考核量化指标有个基本的认知，先讲一个有关绩效考核的小故事，看看这个故事对大家有什么样的启示。

一家牛肉店的老板，雇了一位拉面师傅，为调动拉面师傅的工作积极性，设定了考核量化指标：卖一碗面，拉面师傅提成 5 角。一段时间后，销售量直线上升，但销售收入直线下降。原来拉面师傅在每碗里面多加了几片牛肉，这样每碗牛肉面的成本越来越高，利润却越来越少。

于是老板找拉面师傅重新设定考核量化指标：固定日薪乘以出勤天数。老板想，学新加坡"高薪养廉"的办法，给他固定高薪，销售量不与他的收入挂钩，这样拉面师傅应该就不会多加牛肉了。过了一段时间后，发现客人越来越少，老板观察后发现，拉面师傅放的牛肉分量少了，客人自然就不满意，回头客也就少了，生意肯定就清淡，但拉面师傅工资一分不少，客人少了反而清闲，赚不赚钱他也就不关心了。

后来，老板又改了一种考核量化指标：基本工资 + 绩效工资（利润提成）的方式。但是拉面师傅不同意将房租、桌椅厨具、店面装修等费用计入成本，只考虑面粉和牛肉进价是多少钱，卖了多少钱，所以没谈成功。

这虽然只是关于绩效考核的一个小故事，但说明绩效量化指标的设定是否合理，直接影响考核结果，也反映出领导者的管理能力。

以上是关于考核经营量化的指标故事，下面再举例说明生产量化指标的案例：

某制造企业生产车间设定三个量化考核指标："计划达成率""品质合格率""人均产值达标率"，对应的绩效考核目标是 96%、98%、100%，考核内容是计划月产量 30000 件，品质合格率目标是每 1000 件产品，980 件产品合格，人均产值达标率目标是每人每月生产 300 件，如表 1-5 所示。

表 1-5　车间量化考核指标表

岗位	KPI 指标	目标	权重	考核标准	数据审核	备注
车间主任	计划达成率	96%	40%	月总产量 3 万件	计划部	
	品质合格率	98%	30%	1000 件产品 980 件合格	品管部	
	人均产值达标率	100%	30%	人均每月 300 件	财务	

从上表可以看出，车间的计划达成率并不高，产品合格率也只有 98%，人均产值随着工人熟练程度的提高也会提升，因此这个考核指标需要在一个周期内进行调整。假如六个月内，以上指标均达成的情况下，可以进行调整，调整的周期不能太短，一年内最多只能进行两次调整，调整幅度也不宜过大，一般不超过原目标的 10%，如计划达成率可以调整为 97%，品质合格率可以调整为 98.5%，人均产值目标已是 100%，只需要调整考核标准，将"人均每月 300 件"，提高到"人均每月 330 件"，先提高 10%，所以每个考核指标不应大幅提高，比原来提高一点就可以了，以保证被考核者的积极性，调整后的考核指标如表 1-6 所示。

表 1-6　调整后的车间量化考核指标表

岗位	KPI 指标	目标	权重	考核标准	数据审核	备注
车间主任	计划达成率	97%	40%	月总产量 3 万件	计划部	
	品质合格率	98.5%	30%	1000 件产品 985 件合格	品管部	
	人均产值达标率	100%	30%	人均每月 330 件	财务部	

考核指标调整后，要及时与被考核者反复沟通，达成共识。

以上这些量化指标，是建立在一定数据基础上的，是实实在在的指标，来不得半点虚假，所以管理者要想达成这些量化指标，就要具备一定的管理能力。

04 定性指标体现领导智慧

　　定量指标非常客观、具体，能准确反映工作成果，评价结果比较直观，效果好。定性指标是指无法直接通过数据计算分析评价内容，需对评价对象进行客观描述和分析来反映评价结果的指标。

　　定性指标和半定量指标都不可避免地具有考核人的主观评价，这种指标的公正公平性经常受到推崇定量考核指标者的质疑。但是定性指标、半定量指标对提高组织和个人的绩效是非常重要的，过多使用定量指标会使考核成本过高，不利于绩效考核的顺利实施。因此，选择绩效考核指标时应根据岗位的具体特点来选择，一般情况下应该定量指标、半定量指标、定性指标相结合。

　　定性指标（如流程、学习和成长类指标）体现的是企业控制协调水平、发展潜力等，企业高层管理者主要从事政策制定、运营监控、协调沟通等管理工作，其工作成效直接影响企业的整体运转情况和利润实现，这些是无法通过具体的工作过程来衡量其绩效的，可以采用与企业整体经营业绩相挂钩的定量指标来考核。但值得注意的是，定量指标并非管理者考核的必然选择和制胜法宝，管理层的绩效考核指标不能全部量化，这是因为：

　　第一，某些层面和方面不适用定量考核。管理者的控制协调水平、发展潜力、组织承诺、价值观等方面无法使用定量考核。这不利于总经理对下属有全面的认识，也不利于企业的可持续发展。

　　第二，某些职位不适用定量考核。对研发部经理或知识型员工进行考核时，因为产品开发周期长，并且有一定风险，不是每个开发的项目都一定能成功，而且项目被开发后在考核其效益的时候还涉及资源、生产、销售、市场等因素，因此不一定能完全用定量考核。

　　由于定性指标无法像定量指标那样精确地加以衡量和考核，因此在很多企业中，对定性指标的考核往往是凭考核者的主观印象，导致出现下面的情形：要么考核结果出现偏差，不能真实反映被考核者的实际业绩情况，引起被考核者的不满；要么考核结果"趋中"，拉不开被考核者之间的差距。无论哪种情况，如果长此以往，造成的最终后果都是不能"激励先进，鞭策后进"，丧失了考核本来应该发挥的激励作用。除此之外，这样的考核还往往在管理工作中引发一系列的矛盾和争议，造成上下级关系紧张。

而现实工作中，一些员工（如中层管理干部、职能管理人员、某些基层员工等）由于岗位工作的性质，使得对其的考核指标，大部分甚至全部都是定性指标。定性指标的考核又成为一些管理者绕不开的问题。

要使定性指标能够比较精确地进行考核，就必须尽量减少这种笼统和模糊。一种很自然的思路就是"往下细分"，找出一个大的定性指标中重要的并且可以进行具体考核的几个方面，然后再针对每个方面制定具体的可衡量的考核标准。因此，制定定性指标的考核标准的总体思路就是：首先，将定性指标进一步细化为多个可考核的方面，即考核维度。其次，针对每一个可考核维度，尽量用数据和事实来制定明确和具体的考核标准。最后需要强调的是，管理者必须要明确制定定性指标考核标准的意义。制定定性指标的考核标准，一方面，通过制定明确和具体的考核标准，使得定性指标的考核尽量客观公正、易于操作，并减少因为考核带来的争议。另一方面，也使被考核者了解上级对其工作的要求或期望，从而明确工作努力的方向。很显然，后者对于管理工作的意义更为重要。因为考核不是目的，而是手段，考核的根本目的是提高员工的绩效水平，而被考核者充分了解上级对其工作的要求或期望，无疑对其高质量完成工作会起到相当重要的作用。

05 老 HRD 的经验分享

本章跟大家分享了三个故事，虽然故事好听，但是道理难懂。这里有个故事叫作"不做饿死自己的布里丹驴"：一头驴子外出觅食，发现两堆相距不远的草料，东边是一大堆干草料，西边是一小堆新鲜的嫩草，驴子跑到干草料处刚要吃，突然想，西边那堆草料新鲜肯定好吃，于是就跑到嫩草堆；刚要吃，它又想，别的驴子把干草料吃光的话自己就要饿肚子，还是回去吃干草！

就这样，一会儿考虑数量，一会儿考虑质量，一会儿分析颜色，一会儿分析新鲜度，这头犹犹豫豫、来来回回的驴子，最后饿死在草堆旁。所以告诫大家，追求最优会导致"三乱"——思维乱、情绪乱、选择标准乱，而"三乱"会导致"三慢"——发现问题慢、决策慢、执行慢。那头驴子就是因为追求最优，所以饿死了自己！企业绩效考核也一样，不能将考核指标面面俱到，什么都想考虑进来，结果可能是什么都没考量到位。

再跟大家分享一个案例："一个绩效专员，新到一家公司，这家公司之前没有推行绩效考核，也没有任何绩效考核制度，都是基本工资，所以招聘了一位绩效专员，准备搞绩效考核，老板说把基本工资的 30% 作为绩效工资，让绩效专员来定指标。如果你是这位绩效专员，你会怎样做呢？"这里有几个问题点先罗列一下：

第一，老板突然就要搞绩效考核，作为新人不知道从何入手；

第二，将原来的基本工资划一部分出来作为绩效工资，员工意见大；

第三，所有指标要人力资源部定，有些难度。

针对以上情况，我们先分析下：老板说要搞绩效考核，这是好事，绩效考核推行成功与否，最直接的动力就是要有老板的支持，没有老板支持的绩效考核一般很难推行成功。所以只要老板支持，绩效考核就算成功了一半，接下来就是人力资源部门要做的事情了。首先，作为绩效专员必须跟本部门老大进行沟通，制订绩效考核工作计划，制定绩效考核管理办法，开展绩效考核培训，营造绩效考核的良好氛围。其次，人力资源部门要与老板进行有效沟通，了解老板真实意图，就人力资源制订的绩效考核计划、方案、制度及绩效考核工资预算等与老板进行沟通，达成共识，这有利于接下来跟各部门沟通。

至于绩效考核工资的设定，从员工原有工资中拿出一部分作为绩效工资，员工肯定会有想法，只有不考核，吃大锅饭，员工才没意见。那是否像马云所说取消 KPI 就没事了呢？当然不是，这就像人生有三重境界"看山是山，看水是水；看山不是山，看水不是水；看山还是山，看水还是水"一样，绩效考核的最高境界是没有考核，马云的企业成功了，所以他才站在更高的层面看企业目标，并不是为了绩效考核而考核，而是有更高的目标和追求。如果我们的企业没有达到这一步，那就先老老实实做 KPI 吧。

　　要使员工接受绩效考核，可以分两步走：第一步是先按标准实施考核，分为良好、合格和不合格三类，良好的员工按绩效考核奖励、表扬，不合格的员工先不与绩效工资挂钩，但警告、批评。第二步是试运行三个月后再与绩效工资挂钩，给员工一个适应、了解阶段，最后得到员工的认可。

　　针对第三个问题，绩效考核指标当然不是由人力资源部来定，老板这样说，只是为人力资源部说话，面对这个权力，人力资源部要活学活用，作为绩效考核的推动部门及计划制订部门，要与被考核部门多次沟通，达成共识，绝对不能充当专家，引火上身，将员工对企业的抱怨转移到人力资源部门，使绩效考核难以推行下去，如果职能部门确实无法判断关键指标，人力资源部门可以提供建议，供职能部门选择，切不可越俎代庖。

H小贴士
Human Resources　　人生有三重境界：看山是山，看水是水；看山不是山，看水不是水；看山还是山，看水还是水。有能力的人讲故事，没能力的人讲道理。

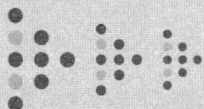

第 **2** 章

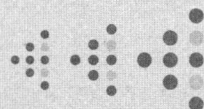

带你入门，组建绩效考核团队

手把手教绩效专员建考核团队

绩效考核专员岗位职责有哪些

绩效考核的三定三重六步到位

绩效管理在企业中的引擎作用

八大部门共同竞争团队绩效奖

首先，让我们来认识下什么是团队：团队就是由两个或者两个以上成员组成的单位或组织。一个团队运作的时候，要有一个清晰的定位，这个团队存在是干什么的，领导者是谁，目标是什么，这些都很重要。企业的绩效考核也一样，不可能由一个人说了算，需要有一个团队来推动，团队的领导者要熟悉工作业务，了解团队成员能力，各成员的定位和职责分清楚，制定团队工作的进度、时间、风险控制，还要有一套管理的规章制度和流程，以确保绩效考核有效实施。

01 设立企业绩效考核组织

《西游记》是一部大家都耳熟能详的古典文学作品，这里试从组织的角度来分析这个特殊的团队。我们可将唐僧、孙悟空、猪八戒、沙僧四人团队视为西天取经公司，在这个公司中，唐僧是主要负责人，决定取经的行程，是战略目标的决策者，可以说是这个公司的董事长；而孙悟空则是主要战略的执行者，算是这个公司的 CEO；猪八戒则是这个公司的中层管理人员；沙僧就是这个公司的行政人员。这个团队，是一个非常成功的团队，成功的组织中有四种人：德者、能者、智者、劳者，德者领导团队，能者攻克难关，智者出谋划策，劳者执行有力，所以说唐僧是一位高明的统帅，唐僧团队是一个优势互补的组织，目标一致、团结融洽是他们成功的关键。

组建绩效考核推行团队，是启动绩效考核的首要环节，推行团队必须具备组织、调配公司资源的权力，这样才能够给绩效考核提供足够的人力、物力、财力上的支持。团队的"团"字是一个人才的"才"字外加一个"口"字，说明人的才能，只有在一定范围内才得以发展，也说明这是一群有才能的人；

团队的"队"字，两个"双抱耳"加一个"人"字，"双抱耳"像一面旗帜，后面的人是人才，无旗帜不是团队，这个"双抱耳"说明是一群听话的人，无规矩不成团队，无人才不叫团队。

H 小贴士
uman Resources　没有完美的个人，只有完美的团队。

在一个企业里，设立绩效考核组织，除了绩效专员，一般都是兼职。为成功推行绩效考核，绩效考核的最高领导者往往是由公司董事长或总经理担任，这是绩效考核推行成功与否的关键因素所在。绩效考核推行组织与企业组织架构中的组织是有区别的，人力资源部作为绩效考核推行部门，是绩效考核组织中的实际责任部门，是组织者也是执行者，企业的绩效考核组织，可以设定为委员会制，委员会主任由企业董事长担任，副主任由总经理担任，一般人力资源部作为组织内的执行委员或秘书长，担当绩效考核的实际推行人，以下试从两个组织图来说明不同的角色定位（见图 2-1 和图 2-2）。

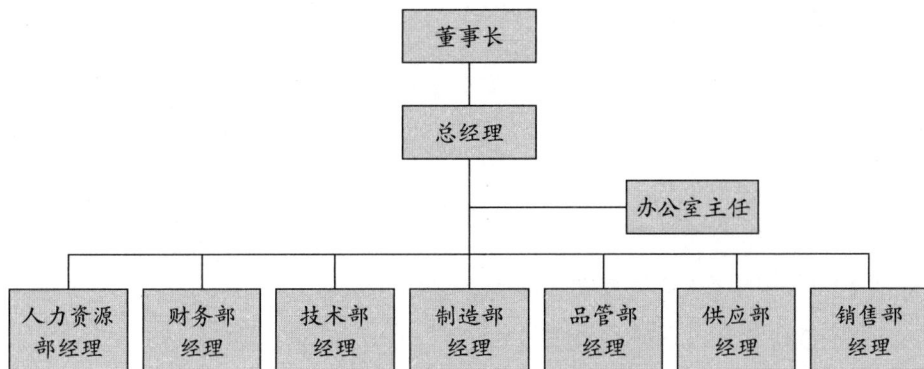

图 2-1　某股份有限公司组织架构图

有史可考的第一张组织结构图很可能晚至 1854 年才问世，组织结构图的诞生被认为西方工业社会从自然的人治向企业化管理转变的一个重要标志，经此转变，组织能力逐渐成为企业生存竞争的先决条件。图 2-1 中，组织图各层级分明，组织中上下级关系明确，部门与部门之间业务关系清晰。

图 2-2，是企业绩效考核推行委员会组织架构图，与图 2-1 中是同一企业的两个不同的组织，图 2-2 可作为企业中的项目管理组织理解，推行委员一般是各部门副总或经理，推行干事一般是人力资源部绩效专员或主管，以及各部门分管绩效考核的兼职人员，审计委员一般是办公室主任或董事长及总经理助理、秘书人员，必要时也可由审计部门或财务部门负责人兼任。

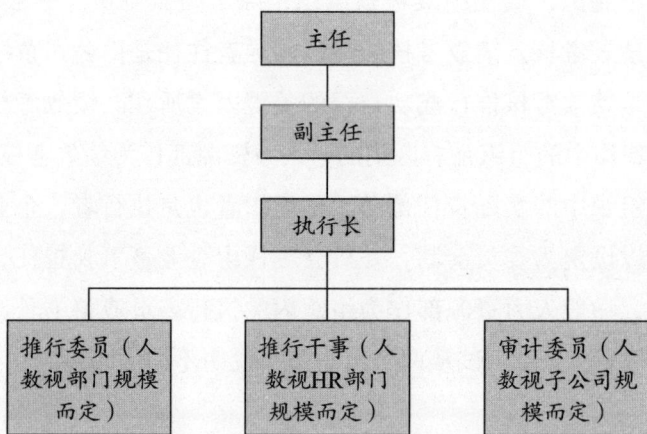

图 2-2　某股份有限公司绩效考核推行委员会组织架构图

图 2-2 中绩效考核推行委员会成员与企业组织架构中行政职级对应关系如下：

（1）主任：（董事长）

（2）副主任：（总经理）

（3）执行长：（人力资源部经理或总监）

（4）推行委员：（各部门经理或总监）

（5）推行干事：（人力资源部绩效专员或主管、各部门兼职负责绩效考核的主管）

（6）审计委员：（办公室主任、各子公司财务审计人员等）

02 | 绩效考核成员职责权限

凡事预则立，不预则废。国有国法，企业也要有企业的规章制度，公司里的每一个职位都是有其 SOP（标准作业程序）的，就是像绩效考核推行委员会这样的常设组织，也要有自己的 SOP，有了职责权限，做事就有章法，考核就有依据，工作就有目标。

绩效考核成员除了人力资源部负责绩效考核的专职人员以外，其他人员都是兼职，所以《职位说明书》与原岗位职责内容会不一样，管理的权限也不一样。

依据图 2-2 中某企业绩效考核推行委员会组织，设定其职责如下。

其一，绩效考核推行委员会组长、副组长职责：

（1）负责公司绩效考核的顶层设计工作；

（2）负责审批公司绩效考核管理办法及绩效考核 KPI 标准；

（3）负责审批公司管理职级绩效考核结果及绩效工资；

（4）负责公司绩效考核在各部门的全面实施；

（5）解决公司绩效考核推行过程中遇到的问题。

其二，绩效考核推行委员会执行长职责：

（1）起草绩效考核管理办法，制定绩效考核 KPI 标准；

（2）按期进行绩效考核，组织协调绩效会议；

（3）收集、评估绩效考核数据，审查绩效考核结果，向公司董事会提交月度《绩效考核结果评估改善报告》；

（4）评估结果分析与改善方案，组织检查各部门绩效考核面谈；

（5）绩效考核的宣传与培训。

其三，绩效考核推行委员会推行委员职责：

（1）负责监督绩效考核各项工作的有效落实；

（2）负责评估绩效考核过程中各考核专员的推动成效；

（3）负责监督各考核单位是否有效推动绩效考核；

（4）负责提交绩效考核过程中不合理 KPI 指标标准的调整报告。

其四，绩效考核推行委员会审计委员职责：

（1）负责收集各考核部门的数据并汇总；

（2）负责月度绩效数据真实性的审计；

（3）每月向执行长及总经理提交《月度绩效考核审计报告》；

（4）负责每月绩效考核数据的定期对比分析。

其五，绩效考核推行委员会推行干事职责：

（1）负责制订公司绩效考核月度计划；

（2）负责公司各岗位关键指标的确认；

（3）负责公司考核数据的收集、核查，并处理绩效投诉的面谈工作；

（4）负责公司绩效宣传（会议室标语，文化墙宣传栏）；

（5）负责协助执行长推动公司绩效考核；

（6）负责公司绩效考核管理会议的召开及各项绩效工作的落实。

以上描述的绩效考核推行委员会各岗位职责是一种较为简单的工作内容描述，如果企业规模较大，人力资源部人员较多，可以使用较为规范的标准文件，举例如表 2-1 所示。

表 2-1　某公司绩效考核推行委员会绩效干事岗位职责

绩效考核推行委员会岗位职责			
所属组织	绩效考核推行委员会	所属部门	人力资源部
组织内职务	绩效干事	部门内职务	绩效主管
组织内上级	执行长	部门内上级	人力资源部经理
岗位职级	主管级	薪资等级	E1
本职：根据公司经营发展战略，协助部门经理制订人力资源绩效考核计划；负责编制绩效考核制度，审批后实施，通过有效的绩效考核激励机制，提高员工工作积极性和工作效率；减少生产成本，为实现企业经营发展战略目标培育绩效文化。			

续表

1. 根据公司对绩效考核的要求，建立绩效体系实施绩效考核，并对各部门绩效评价过程进行监督控制；
2. 协调各部门完成公司绩效评价标准的调整，使其更符合不同阶段的要求；
3. 协调绩效评估中出现的各类问题、疑问及其他突发事件，并负责牵头解决绩效评估复议事宜；
4. 收集、汇总、分析各单位对考核方案的修订意见并持续优化绩效评估体系；
5. 协助、指导各部门管理者有效使用考核结果，用于员工工作绩效的持续改善；
6. 完成考核结果的统计整理及归档工作，将结果转交薪酬管理，作为绩效工资发放依据；
7. 不断完善公司考核体系，负责调查评价制度实施问题和效果，提供解决方案；
8. 组织实施绩效评价面谈、接受员工申诉，并及时上传、反馈考核意见工作；
9. 负责公司职位胜任能力评估工作，为员工晋升、降级评定工作提供依据；
10. 负责绩效会议记录工作；
11. 了解并掌握本职位环境因素、职业健康安全危险源；
12. 确保本职位质量、环境和职业健康安全目标实现；
13. 为其他部门提供本职位工作领域的协助与支持，完成上级交办的其他工作。

本岗位办公环境：办公室内固定区域，无特殊的环保、健康、安全要求。

任职资格要求	
学　　历	大学本科以上
专业知识	行为心理学、组织行为学、人力资源管理、工商管理等
工作经验	3 年以上相关工作经验
外语要求	英语四级以上
计算机要求	熟练使用相关办公软件，文字处理能力强
资格证书	普通话二级乙等以上
能力素质要求	1. 优秀的语言组织和表达能力，良好的组织能力，良好的文字功底； 2. 头脑灵活，应变能力强； 3. 逻辑性强、沟通协调能力强； 4. 熟悉国家人事政策、法律法规； 5. 了解商务礼仪、保密的相关法律法规、绩效评估。

03 企业绩效考核推进程序

有人说，绩效考核是一注化学剂，能够把"死水变成活水，活水变成沸水"。也有人说，绩效考核是企业内部组织的竞赛，绩效好的人为之欢呼，绩效差的人为之愁苦。当有这种现象发生时，绩效考核就成了人力资源管理者头痛的问题，这也是企业只抓绩效考核与评估，忽视对绩效考核全过程的把握的结果。

绩效考核过程的实施可以说是绩效管理中的重中之重，对于整个绩效管理的有效性起着至关重要的作用，那么，这个过程如何实施及应注意的，正是我们每个参与考核的主管和员工都非常关注的问题。结合各类企业的绩效考核管理实践操作和相关问题的反馈，绩效考核的实施过程主要包括六个主要步骤，即"三定三重"：定目标、定标准、定权重、重辅导、重评价、重面谈，下面将就上述步骤进行逐一探讨。

1. 定目标

（1）关于绩效目标的理解

所谓绩效目标，具体地讲，是指员工未来绩效所要达到的目标，它可以帮助员工关注那些对于组织更为重要的项目，鼓励较好的计划以分配关键资源（时间、金钱和能量），并且激发为达到目标而做的行动计划准备。而员工个人绩效目标又来源于组织、部门的总体目标的分解和传承，即通过一种专门设计的过程使目标具有可操作性，这种过程一级接一级地将目标分解到组织的各个单位。组织的整体目标被转换为每一级组织的具体目标，即从整体组织目标到经营单位目标，再到部门目标，最后到个人目标。而个人绩效目标的制订又来自个人的工作计划，从年度计划到季度计划，最后分解到月度计划。

（2）目标制定方法

根据企业组织战略，分解出各部门的主要目标，基于各部门的目标，明确个人的岗位职责使命，即个人承担的工作任务，依据个人工作任务再制订工作计划，按照 SMART 原则从个人工作计划中提取关键业绩指标（分为定量指标和定性指标）。

（3）操作提示

为保证个人绩效目标设置的合理有效，应该做到：主管制定，员工参与，双方确认。首先，对于工作目标要求是由主管依据部门目标的分解，提出对员工岗位职责使命的要求，完成组织目标向个人绩效目标的传承，同时，对于个人关键业绩指标的提取过程应由主管提取，员工参与，双方共同完成。如果员工参与设定目标，那么就会更加努力实现目标。他们的高层次需要包括执行一个有价值的任务、在团体中共同付出努力、共同设定他们的目标、共享努力的回报以及持续的个人成长。

目标制定后应让员工参与甚至独立制订如何达到这些目标的计划。为员工提供一定的自主是很有价值的，这样他们更能发挥自己的聪明才智，并且更加关注计划的成功与否。

2. 定标准

设定了绩效目标之后，就要确定评价绩效目标达成的标准。没有明确标准的目标不是真正意义上的绩效目标，SMART 原则是最常用的区分一个标准是否符合要求的工具，即目标必须是具体的、可衡量的、可达到的、相关的、有时限的。这个原则反映了我们所确定的绩效考核目标必须是可衡量的或是可计算的。

同时，我们还应注意，标准的设定应分出层次，如我们可以将标准分为优秀、良好、合格、需改进和不合格五个水平。而我们将合格作为绩效考核的基准水平，它的作用在于判断被考核者的绩效是否能够满足基本的要求。另外，我们在制定标准的时候，一定要注意与员工的沟通，即绩效考核标准的确定，应由主管与员工共同确定。

3. 定权重

在企业人力资源绩效管理中，员工的绩效存在着多样性，绩效的好坏不是取决于单一因素，而是受制于主、客观多种因素的影响，因此，必须建立企业绩效指标评估体系，在企业绩效考核目标和标准确定后，接下来的工作就是明确指标之间孰重孰轻，即权重赋值。通常这是一个不为管理者重视的情况，总是一拍脑袋凭经验确定，反正总和满足 100%。其实，考核权重的设计关系到工作行为的导向问题，对某一个指标过分看重或者过分轻视，都会带来不良后果。

关于权重系数的精确测度主要有"专家咨询法（Delphi）""配对比较法（MPC）""层次分析法（AHP）"等。其中，比较有代表性的、较成功的主要有 Delphi 和 AHP。例如，一个销售部门有"客服满意度"和"销售总额"两个指标，究竟是三七开，还是七三开，对员工会产生很大影响，可以说，权重设计是测量绩效与真实绩效是否一致的纽带。

权重是被评指标重要程度的定理分配，通过权重的确定对各评估指标的作用进行区别对待，从而准确反映各种指标对评估结果的影响程度，最后，与各指标评估体系中各项指标相对应的权重组成了指标权重体系。由此可见，定权重，直接决定了绩效考核结果的信度与效度。

4. 重辅导

（1）绩效辅导的理解

绩效辅导阶段在整个绩效管理过程中处于中间环节，是耗时最长、最关键的一个环节，这个过程的好坏直接影响绩效管理的成败。具体来讲，绩效辅导阶段主要的工作就是持续不断的绩效沟通、收集数据以形成考核依据。沟通的目的有两个：一是员工汇报工作与进展情况，或就工作中遇到的障碍向主管求助，寻求帮助和方法；二是主管人员对员工的工作与目标计划之间出现的偏差及时纠正。

（2）意义

对主管而言，及时有效地沟通有助于全面了解员工的工作情况，掌握工作的进展信息，并有针对性地提供相应的辅导和资源；有助于提升下属工作能力，达到激励的目的；同时，主管可以掌握绩效评价的依据，以便对下属作出公正客观的评价。

对员工而言，员工可以得到关于自己工作绩效的反馈信息，以便尽快改进绩效、提高技能；同时，员工可以及时得到主管相应的资源和帮助，以便更好地达成目标；以有效沟通为基础进行绩效考核辅导也是双方共同解决问题的机会，这也是员工参与管理的一种形式。最后，在绩效辅导的过程中，对于员工的突出贡献和绩优行为，主管给予适时的赞扬将极大地调动员工的工作热情，使好的行为得以强化和继续，有利于良好组织绩效氛围的营造。

5. 重评价

在进行绩效评价时，很多企业首先要求员工对本人的业绩达成状况进行自评，员工自评后由主管对照起初与员工共同确定的绩效目标和绩效标准对员工进行评价。

这里应注意的一点是，主管首先需要汇总检查员工的相关绩效数据是否准确、完整，如发现有不符的数据还应加以证实，或与通过另一种渠道收集的数据进行对比，以判断原始信息的可信度。在确认数据充分且没有错误后，才可以依据这些数据对员工绩效完成情况进行评价。常见的评价方式包括：工作标准法、叙述评价法、量表评测法、每日评分记录法、关键事件记录评价法、目标管理法、强制比例分布法、配对比较法等。以上方法在具体操作过程中往往不是单独使用一种，而是几种方式混合在一起使用，任何公司的绩效评价方式都不是十全十美的，没有最好的绩效评价工具，只有最适合本企业实际的工具。有效的绩效评价依靠两方面的因素：一是评价制度要合理，二是评价人要有评估技巧，并能保证绩效面谈的准确性，而后者尤为重要。

6. 重面谈

（1）操作方法

就考核结果，双方进行面谈沟通，也就是说，对于考核结果，员工可以提出自己的意见，如果主管认为有理有据，分数可以修正，最终要达成绩效考核结果意见的共识，员工对于自己的考核结果表示认可后签字确认。通常，反馈应该关注具体工作行为；依靠客观数据，而不是主观意见和推断。总之，只要员工诚心诚意地对待反馈，反馈又是与工作任务相联系的，并且接受者可以从备选建议中选择新的行为，那么，绩效反馈就很有可能引导行为改变。

（2）绩效结果反馈面谈的步骤

第一，面谈准备。主要包括相关的数据和分析的准备，也就是要求主管在绩效面谈前一定要进行绩效诊断，主管不仅要告诉员工考核结果，还要告诉员工为什么会产生这样的绩效，应该如何避免出现低的绩效。

第二，面谈过程控制。首先，主管应当在开始时讲述面谈的目的和具体议程，这样会有助于消除双方的紧张情绪，同时也便于双方控制面谈的进程；其次，在面谈过程中，主管一定要注意平衡讲与问，注意倾听被考核者的意见，充分调动对方讨论的积极性，赢得合作，避免对抗与冲突的发生。主管应当只谈员工的工作表现，而不要对员工本人作出评论。负面的评价不可避免，但为了让员工保持良好的自我印象，可以先说好的评价。如果管理者和员工的看法有较大的差异，双方应先认清差异的所在。

第三，确定绩效改进计划。双方在讨论绩效产生的原因时，对于达成的共识应当及时记录下来，那么这些问题可能就是员工在下一期需要重点关注和提高的地方，对下一阶段绩效重点和目标进行了计划。面谈结束后，双方要将达成共识的结论性意见或经双方确认的关键事件或数据，及时予以记录、整理，填写在考核表中。对达成共识的下期绩效目标也要进行整理，形成下一期的考核指标和考核标准。

04 人力资源部与各级部门的分工

在激烈的市场竞争中，企业为了赢得经营战略上的先机，至少要占领五个制高点，即人才的制高点、资本的制高点、技术的制高点、产品的制高点和市场的制高点，而人才的制高点或者说智力资本的制高点则是关键中的关键。在现代市场经济发展过程中，跨国公司激烈竞争的事实说明：企业之间的竞争实质上是人才的竞争、智力资本的竞争，哪个企业拥有大批高素质人才，占据了智力资本上的优势，哪个企业就能开发、引进、采用最高、最新的技术，开发研制出具有高技术含量、高品质、高附加值的产品，并运用最新的经营战略和战术去占领市场，最终在激烈的市场竞争中克敌制胜。所以说，企业中管理各类人才的管理部门——人力资源部是一个非常重要的部门。

杰克·韦尔奇说过："人力资源负责人应当是任何组织中的第二号人物"；IBM前任CEO郭士纳上任之初，在打造自己的管理团队时，最先招聘的一个职位就是"首席人力资源执行官"。还有，在企业确定职位等级进行职位评估时，很多企业都把人力资源部经理的等级定得较高，一般会超过生产部经理、品管部经理、采购部经理，甚至超过财务部经理。下面我们看看人力资源管理中招聘、培训、绩效及学习成长在企业发展中所起的作用。

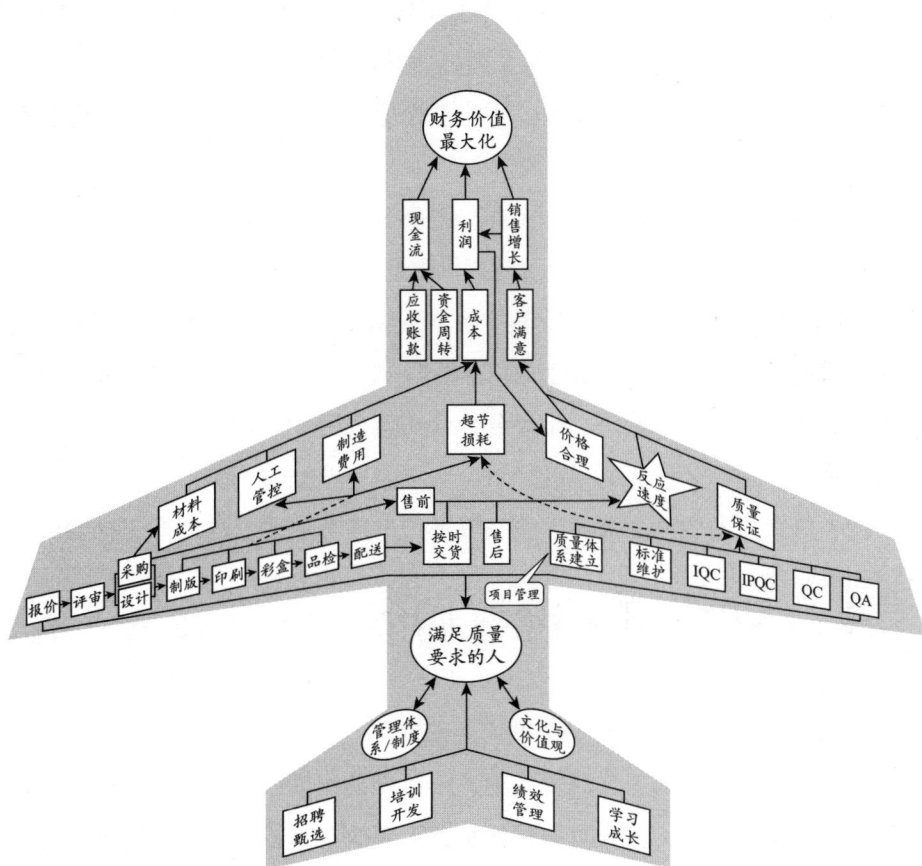

图2-3　绩效管理在企业运营中的价值图

从图 2-3 中，我们可以看到，要想获得企业财务价值的最大化，人力资源管理、企业文化建设起着杠杆的作用，而绩效管理则起着引擎的作用。

我们首先了解人力资源部的主要工作职责。

（1）根据公司发展规划，拟定公司人力资源政策及年度人力资源工作目标及计划，负责组织落实。

（2）负责研究探索公司的激励约束机制，组织制定公司工资奖励分配政策和管理制度及本部门工作细则，并组织落实。

（3）负责组织工作分析，负责组织拟定公司部门职责及岗位说明书、拟定定岗定编工作。

（4）负责公司绩效考核管理工作，拟定考核制度，实施全员绩效考核，组织专业技术人员职务考核、评定、晋升、聘任等工作事宜。

（5）负责公司薪酬管理工作，拟定薪酬管理制度，根据考核结果计算公司职能部门员工工资，编制工资表。

（6）负责公司人才招聘管理工作，根据公司职能部门招聘计划，选择适合的招聘渠道，开展招聘活动，及时提供甄选人选，满足各部门用人需求。

（7）负责公司培训管理工作，建立健全公司的培训体系，制定培训课程，建设及管理内部培训师队伍，安排实施内部培训，管理外派培训，评估培训的效果。

（8）负责劳动合同管理，指导各分公司建立劳动合同制，并对执行情况进行监督。

（9）负责与上级社会劳动保险主管部门的业务联系，办理职工社会劳动保险相关业务。

（10）负责人事、组织、劳资等档案管理，办理公司人员调岗、离职、请假、工伤等手续。

（11）负责承办公司领导交办的有关事宜。

以上是人力资源部工作职责范围，可以说公司涉及人的所有工作，都属于人力资源部的事情。人力资源部的负责人视企业规模大小，有的设人力资源中心总经理，有的设公司副总裁兼任人力资源部总监，企业没有副总裁职位的，只设人力资源总监或行政总监，也有企业只设人力资源经理的。下面以人力资源部组织图说明人力资源部各职位组织关系。

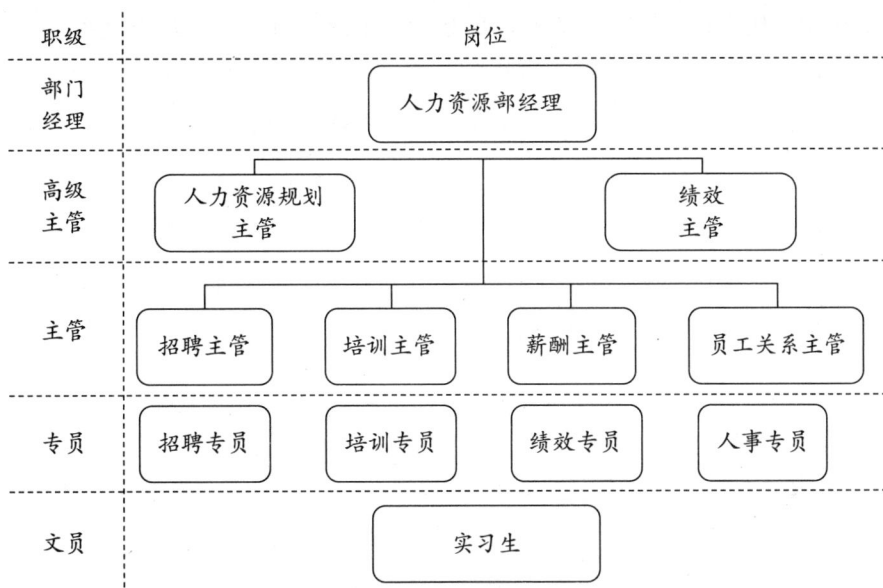

图 2-4　某公司人力资源部组织结构图

以上组织结构图充分体现了人力资源管理六大模块在人力资源部内的组织关系，可以了解到绩效主管在组织中的位置，人力资源部经理是绩效主管的直接上级，绩效专员是绩效主管的下级。从工作关系上来讲，绩效主管与人力资源规划主管、招聘主管、培训主管、薪酬主管和员工关系主管是同职平行关系；从职等上来讲，人力资源规划主管与绩效主管是同职等，比招聘主管、培训主管、薪酬主管和员工关系主管要高一职等，而绩效专员与招聘专员、培训专员、人事专员是同一职级和职等。这也为我们绘制了一张人力资源部内部工作沟通流程图，从招聘专员负责招聘新员工，到培训专员组织培训，再到薪酬主管定薪资，绩效专员考核跟进，员工关系主管沟通面谈，最后到人事专员办理转正手续，形成新员工在企业试用期的一个完整工作流程。

正确划分组织者、考核主体、考核客体等各方在绩效考核中的职责，对于推动绩效考核的开展，塑造绩效考核文化起着举足轻重的作用，模糊的职责定位，必然会导致绩效考核中的责任推卸，绩效考核是自上而下的涉及全体员工的管理控制活动，考核关系应与管理层级保持一致，考核主体应是员工的直线经理，因为直线经理是员工岗位工作职责的设定者、工作标准和指标的制定者、工作实施的指导者，他们对下级员工的绩效最有发言权。

在考核执行过程中，人力资源部是活动的组织部门，对考核制度、考核技术的科学性和实用性负责，同时为各级考核执行者提供技术指导，但不直接对员工进行考核。企业在绩效考核的组织结构和职能划分的设置上，要最大限度地发挥本岗位的职责权限。

全员绩效考核是每一个实施绩效考核企业的目标。在实施绩效考核过程中，绩效考核人员与人力资源部其他职位人员将会发生哪些工作交集呢？这里用一张表加以说明（见表 2-2）。

表 2-2　某公司人力资源部各职位与绩效考核工作关联表

职位	与绩效考核有关的工作项	备注
人力资源部经理	1. 审核并修改《公司组织架构图》《职位说明书》《绩效考核管理办法》、《薪资管理办法》《人事管理制度》等制度； 2. 与各部门负责人沟通，制订管理层人员绩效考核方案，报上级审批； 3. 审核并修改各部门绩效考核指标； 4. 审核各部门每月绩效考核结果； 5. 管理层人员绩效面谈； 6. 对直接下级进行工作指导和考核，对工作提出改进意见； 7. 组织公司绩效考核总结及评估会议等。	
人力资源规划主管	1. 提供绩效考核所需组织架构图； 2. 编制《职位说明书》，规范工作流程，制定相关管理制度，为绩效考核提供规范文件； 3. 审核人员入职、离职、转正、晋升、调动、降职、请假等相关信息，以便核算绩效工资，调整考核标准； 4. 负责下属人事专员的绩效考核评估等工作； 5. 与绩效主管沟通，协助完成相关绩效考核工作。	
绩效主管	1. 制定《绩效考核管理办法》，报上级审批； 2. 与各部门绩效考核负责人沟通，建立公司各部门绩效考核指标库及考核方案，报上级审批； 3. 分析各指标考核情况，提出不合理指标或目标的修改意见； 4. 与部门内各职位沟通，协调完成绩效考核的相关工作； 5. 负责下属绩效专员的绩效考核评估等工作； 6. 协助人力资源部经理完成绩效考核相关工作事项。	

续表

职位	与绩效考核有关的工作项	备注
招聘主管	1. 根据招聘中被录用人员的实际情况，与人力资源规划主管沟通，及时修订《职位说明书》； 2. 当有员工离职时，与绩效主管沟通，了解不合格人员或离职人员绩效考核评估结果，做好招聘准备工作； 3. 了解新招职位绩效考核指标，与面试人员沟通该职位绩效考核指标设定情况。	
培训主管	1. 根据《职位说明书》，了解新进人员与职位要求差距，制订培训计划，提升新员工技能； 2. 对绩效考核中评估较差的员工，制订培训计划，提升其工作技能，培育其工作态度； 3. 与绩效主管沟通，开展绩效考核相关知识培训。	
薪酬主管	1. 制定《薪资管理办法》，完善公司薪酬标准，报上级领导审批； 2. 与绩效主管沟通，按一定比例分职级统一设定绩效工资； 3. 统筹分析股权激励、福利与绩效工资分配比例，控制人工成本； 4. 根据薪酬结构适时调整基本工资与绩效工资薪酬标准。	
员工关系主管	1. 把好员工入职与离职关，对劳动合同、员工须知及相关制度做好告知与签名工作，防范相关风险； 2. 对因绩效考核原因离职员工，做好离职面谈，并将面谈信息与绩效主管、招聘主管进行沟通，做好人力储备及绩效改进工作。	
招聘专员	1. 根据各部门人力需求，了解所招人员是否与绩效考核工作有关； 2. 了解新招职位绩效考核指标，与面试人员沟通该职位绩效考核指标设定情况。	
培训专员	1. 对新员工进行培训，帮助员工胜任工作并发掘员工最大潜能； 2. 对绩效考核中评估较差的员工，制订培训计划，提升其工作技能，培养其工作态度。	
绩效专员	1. 统计汇总员工的考核成绩，进行绩效考核成绩的分析工作； 2. 收集员工对绩效考核的建议，报上级领导审阅； 3. 协助绩效主管开展全面绩效考核工作； 4. 负责绩效考核中与财务部的接口工作。	
人事专员	1. 提报人员入职、离职、转正、晋升、调动、降职、请假等相关信息，以便核算绩效工资； 2. 根据绩效考核成绩，提报评审优秀员工评比办法。	

职位	与绩效考核有关的工作项	备注
实习生	1. 在绩效考核中，协助人力资源部经理、绩效主管及绩效专员完成相关工作； 2. 做好部门会议记录，跟进与绩效考核相关的工作。	

在公司成立的绩效考核委员会组织中，各部门经理担任绩效考核推行委员，除了推行委员以外，如果条件允许，各部门还可以指定一人担当绩效考核推行干事，与人力资源部绩效专员一起，共同推动本部门绩效考核工作。以下是各部门经理及绩效考核推行干事，在本部门绩效考核过程中的职责：

（1）作为部门绩效考核的推动者，通过参加考核者的培训，应全面掌握绩效考核的所有知识，成为本部门绩效考核的辅导者。

（2）配合公司绩效考核推动计划，与本部门员工进行沟通，找出各岗位所有与工作相关的考核指标，分析这些指标中哪些与工作关联度大，确定三个至五个为关键指标，总分为 100 分，依次分配不同的权重。

（3）与员工进行沟通，依据公司绩效考核管理办法等文件及上年度或之前三个月至六个月实际数据，确定所定关键指标的目标值，此目标值一般要高于前实际数据的 10%~20%，具有一定挑战性，经努力可以达到的目标，最后须与员工达成共识。

（4）绩效考核指标确定后，需要指导员工制订绩效改进计划，没有具体的改善措施，指标不会自动达成，所以，绩效考核推行干事，要针对员工短板，与被考核者一起制订有效的绩效改进计划，达成目标，最终体现在绩效工资增加上。

（5）具体实施本部门的绩效考核，根据考核结果，与人力资源部一起进行绩效面谈，向人力资源部提出相关建议。

除此之外，各部门在推行绩效考核的过程中，还要扮演一个重要的角色，那就是协助上游流程部门提供相关数据，并审核下游流程所需审核数据的真实性。具体参见图 2-5。

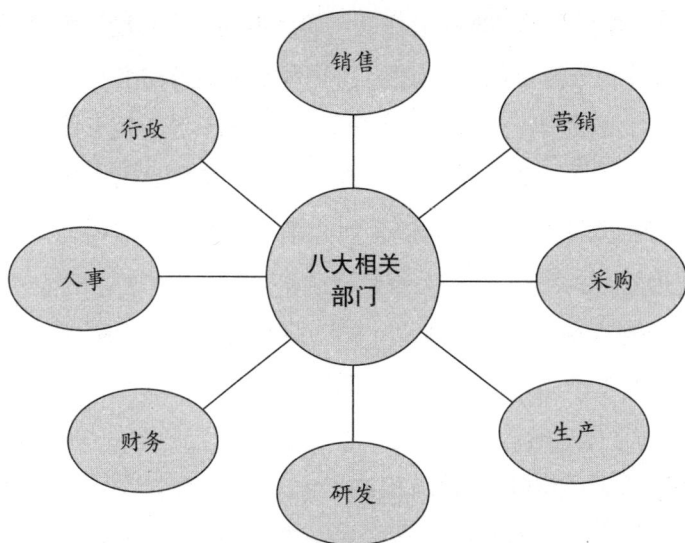

图 2-5　某公司绩效考核关联部门图

05 老 HRD 的经验分享

美国加利福尼亚大学的学者做过这样一个实验：把 6 只猴子分别关在 3 间空房子里，每间 2 只，房子里分别放着一定数量的食物，但放的位置高度不一样，第一间房子的食物放在地上，第二间房子的食物分别从易到难悬挂在不同高度的适当位置上，第三间房子的食物悬挂在房顶。数日后，他们发现第一间房子里的猴子一死一伤，伤的缺了耳朵断了腿，奄奄一息；第三间房子的猴子都死了；只有第二间房子的猴子活得好好的。

问题：

（1）出现这三种情况的具体原因是什么？

（2）管理上有什么启示？

有三种原因：获取食物的难易程度决定猴子相处的关系。第一间房子的食物易取，所以会有竞争，最终导致你死我活；第三间房子的食物不易取，猴子们都放弃了，所以饿死了；第二间房子的食物有难有易，2 只猴子不会轻易放弃，它们反而会相互合作，去取最后的食物。

管理启示：做的虽然是猴子取食的实验，但在一定程度上也说明了人才与岗位的关系。岗位难度过低，人人能干，体现不出能力与水平，选拔不出人才，反倒成了内耗式的争斗，其结果无异于第一间房子里的两只猴子。岗位的难度太大，虽努力而不能及，又埋没了人才，某结果犹如第三间房子里的两只猴子。岗位难度要适当，循序渐进，如同第二间房子里的两只猴子，这样才能真正体现出能力、水平，发挥人的能动性和智慧，同时建立相互间依存关系，共同协作，达到双赢。绩效考核也一样，只有设定经努力可达成的目标，才能激励员工，员工个人绩效提高了，团队绩效才能达成。

H 小贴士
uman Resources

MOTO 的管理观：

企业管理 = 人力资源管理 = 绩效管理

人力资源管理是企业管理的核心，绩效管理是人力资源管理的核心。

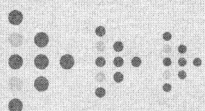

第 3 章

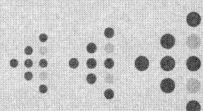

建立标准，完善制度流程表单

推行全员绩效考核，是公司激励与约束机制的重要组成部分，是进一步完善"目标层层分解，考核层层落实，责任层层传递，激励层层链接"的制度保证，它关系到员工的切身利益，敏感性强，关注度高，任务艰巨，责任重大，所以各部门要充分认识推进全员绩效考核工作的重要性和必要性，加强理念宣贯，强化业务培训，切实推动全员绩效考核工作的深入开展，确保这项工作思想认识到位，员工理解认同，工作落到实处。

彼得·杜拉克说过："组织的目的是通过工人力量的结合取得协同效应，并避开他们的不足。"这也正是有效的绩效考核的目的，因此，考核者和被考核者都应该事先清楚、无歧义地了解绩效标准，作为评价的依据，考核标准应当是管理者和下属之间相互交流、协调沟通后共同制定的，并且经过双方同意的考核过程。

通过实施考核评价，一方面使上级了解员工的业绩和要求，有的放矢地进行激励和指导；另一方面使下级知道上级对自己的评价和期望，根据要求不断改进和提高自己，只有这样，绩效考核才能达到良好的效果。所以对企业员工的绩效考核工作进行分析，并制定科学有效的考核系统是很有必要的，想要考核系统科学完善，就必须建立绩效考核标准，完善绩效考核制度，规范绩效考核流程和表单。

01 绩效考核制度起草评审

企业绩效考核成为时下各类企业和社会组织关注的重心，起着越来越重要的作用，绩效考核是制定人力资源规划的依据，通过绩效考核，我们可以得到员工工作绩效的信息，而这些信息正是企业进行人力资源规划的重要信息来源。通过绩效考核我们可以发现企业人力资源管理系统中存在或潜在的一些问题，这有利于我们进一步完善下一阶段人力资源规划，使我们的人力资源规划更加科学，更加切合实际。

1. 绩效考核的作用

（1）绩效考核是决定员工调配和职位变动的依据，要想判断员工的德才状况、长处短处，进而分析其适合何种职位，必须经过考核，对员工 360 度的知识维度、能力维度、态度维度和关键绩效维度等进行客观评价，并在此基础上对员工的能力和专长进行推断。也就是说，绩效考核是"知人"的主要手段，而"知人"是"用人"的主要前提和依据。

（2）绩效考核是进行员工培训的依据，员工的培训开发是人力资源投资的重要方式，它可以使人力资源增值，是企业发展的一项战略性任务。绩效考核可以为企业对员工的全面教育培训提供科学依据，知道哪些员工需要培训，需要培训哪些内容，使培训开发做到有的放矢。绩效考核一方面可以发现员工的长处，对他们的长处给予发扬；另一方面也可以查出员工在知识、技能、思想和心理品质等方面的不足，使培训开发工作有针对性的进行。

（3）绩效考核是确定劳动报酬的依据，现代管理要求薪酬分配遵守公平与效率两大原则，这就必然要对每一个员工的劳动成果进行评定和计量。绩效考核为薪酬分配提供依据，进行薪资分配和薪资调整时，应当根据员工的绩效表现，建立考核结果与薪酬奖励挂钩制度，使不同的绩效获得不同的待遇。合理的薪酬不仅是对员工劳动成果的公正认可，而且可以产生激励作用，形成进取的组织氛围。考核结果不与薪酬、奖励、提职、培训等挂钩，就等于一句空话，不仅起不到激励效果，反而会挫伤员工的工作积极性，影响工作业绩和效率。

（4）绩效考核有利于形成高效的工作氛围，促进员工职业发展，经常对员工的工作表现和业绩进行考核，并及时反馈，要求上下级对考核标准和考核结果进行充分而有效的沟通。因此，考核有助于组织成员之间信息的传递和感情的融合，同时有利于形成高效率的工作氛围。通过沟通，可以增进员工相互之间的了解和协作，使员工的个人目标同组织目标达到一致，增强组织的凝聚力和竞争力。绩效考核还可以促进员工潜在能力的发挥，通过绩效考核，员工对自己的工作目标确定了效价，就很可能会努力提高自己的期望值。所以，绩效考核是促进员工发展的人力资本投资。

这些作用，说明了绩效考核是企业经营管理工作中的一项重要任务，是保障并促进企业内部管理机制有序运转、实现企业各项经营管理目标所必需的一种管理行为。任何组织行为，都会有一套科学规范的管理体系，绩效考核也一样。那么，起草一份《绩效考核管理制度》，是企业绩效考核是否能落地的关键。

2.《绩效考核管理制度》从起草到评审的流程

（1）起草部门：《绩效考核管理制度》一般作为人力资源部制度建设的一部分，由人力资源部牵头起草，也有大型企业成立绩效管理委员会，由专设机构绩效小组负责。

（2）起草人员：《绩效考核管理制度》是企业通用性文件，跨多部门共同执行，所以其起草人员应是负责实施或推动此项工作的人员担任，一般由人力资源部绩效经理或绩效主管起草制定，没有绩效管理专职的企业，由人力资源部经理或人力资源主管起草，设立了绩效管理委员会的企业，由指定的专职人员起草。

（3）初审人员：由于《绩效考核管理制度》与企业管理目标关联，所制定的政策影响企业经营目标的实现，所以，在人力资源部门或绩效委员会专职人员起草完成后，应先与企业总经理或董事长沟通；如果是绩效经理、绩效主管、人事主管或人力资源部经理起草，企业还有 HR 总监或分管人力资源副总时，还要先报他们审核后，再报总经理或董事长审批。

（4）会签人员：《绩效考核管理制度》如部门有修改意见，需要及时会签，有成立绩效管理委员会的，应先召开绩效管理会议评审讨论，然后，经由各部门绩效考核负责人沟通，没有意见时，再报总经理或董事长审批。

（5）审核人员：经会签后的《绩效考核管理制度》，应先交由人力资源部起草人的上级，或绩效管理委员会的组长审核，如果组长是企业总经理或董事长的，应由绩效考核副组长担任。

（6）审批人员：《绩效考核管理制度》经过绩效管理委员会或人力资源部起草人起草，交由其上级审核，报各部门绩效考核负责人会签，最后报公司总经理、董事长审批。

另外，企业在制定《绩效考核管理制度》时，需要遵守以下 5 个原则：

- 对绩效管理的成功实施进行衡量和跟踪；
- 进行持续不断的改进提高；
- 体现公司的绩效价值；
- 提供必要的沟通和培训；
- 使各级管理人员承担义务并积极参与。

02　设立绩效考核指标总库

从管理学上说，目标是比现实能力范围稍高一点的要求，也就是"蹦一蹦，够得着"的那种。"目"就是看得到的，想得到的，愿意得到的；"标"者，尺度也。目标就是有尺度的目标，它不是凭空吹出来的，不是虚构出来的，不是闭门造车想出来的，而是企业上下一心，大家一起缔造出来的，要有翔实的数据，大家认同，有完整的周期，要经过精确的预算和计划。

企业人力资源部门负责绩效考核的人，在确定好各部门绩效考核指标后，要主导建立绩效考核指标库，这对做好绩效考核的总结与分析很有必要。那么，什么是绩效考核指标库呢？绩效考核指标一般是由考核项目和该项目的达标标准构成，如业务员，销售额目标 1000 万元为考核指标，销售额为考核项目，1000 万元为考核目标。指标库是指企业所有绩效考核指标的总和。由于考核指标随着绩效考核的推动，会得到改善，其指标是变动的，所以指标库也会变动。绩效指标库更多的是指绩效考核项目。

绩效考核指标总库是企业绩效考核体系的一个重要组成部分，构建一个完整的绩效考核指标总库，至少需要以下八个步骤。

1. 确定关键绩效项目

在制定绩效指标前，应明确为什么要考核这个指标，因此，应该先找到关键业绩领域或关键成功因素，可以通过平衡计分卡分解战略或者通过岗位职责分解得到。选择关键业绩领域和关键成功因素的标准通常是，对公司利润影响较大的，或该领域工作业绩波动较大的，或该业绩领域改善潜力较大的，或与同行业或同级部门相比绩效差距较大的。主要工作职责是关键业绩领域的主要来源，因此，确定关键成功因素时，应从该岗位的主要职责出发。

2. 确定项目指标名称

在找到关键领域或关键成功因素后，就可以使用格利·波特四分法来编写指标名称，也就是从数量、时间、质量、成本四个角度来编写业绩指标名称，换成我的主张就是"多、快、好、省"。对于这四个角度分别可以列出很多的指标。例如，对于企业培训效果进行考核，在质量方面可以有"考试及格率""考试优秀率""考试不及格人数"等几个考核指标，这里面最容易完成的是"考试及格率"，最容易考核和计算的是"考试不及格人数"。当"考试不及格人数"已经不能满足考核要求，需要提升考核难度的时候，就会考虑采用"考试优秀率"等指标，从而达到提升培训绩效的目的。

对同一关键业绩领域，应该全面考虑在数量、时间、质量、成本四个方面如何考核。例如，"协助本部门文化主管完成本部门企业文化规划统筹工作"这条职责就可以从时间、质量两个方面来考核：时间方面，可以设置指标"完成时间与计划相差天数"；质量方面，可以设置"完成规划质量"等考核指标。

但现实情况是这四个方面往往是相互矛盾的，如在质量上有所提高，通常会随之增加成本和时间。考核时应注意在矛盾中寻求一种平衡，兼顾这四个方面。

3. 定义绩效考核指标

指标的名称与定义互相关联，但不可混淆。例如，上述中的指标名称是"完成时间与计划相差天数"，而该指标定义为"完成日期 – 计划日期"。在设计指标名称和定义时，比率的考核难度较大，计算也较复杂，如优秀率、及格率等，而同比增减率的考核计算难度最大，因为涉及的数据包括当期完成值、上期完成值等。

如果是定性指标，在指标定义中则应该定义清楚具体考核的行为标准。定性指标考核主要应用在职能部门岗位中，因为这种类型工作岗位的特点，决定了其工作业绩难以定量表述。行为的量化方法有精确测量模式、次精确测量模式和一般模式三种，而其中最容易实行、限制条件较少的是一般模式中的分级描述法。

分级描述法中，首先应在指标定义中列出需要考核哪些行为和需要达到的结果。例如，在上述中，对于企业文化干事的"完成规划质量"指标中，就列出了需要考核的行为："是独立完成规划，还是需要上级协助。"在此基础上，应对需要考核的行为进行分级量化。以 100 分为标准，"超出目标"的标准是："在主管基本没有参与的情况下独立完成规划。""达到目标"的标准是："主管给予少量指导就可以完成规划。""低于目标"的标准是："在主管的大量指导下完成规划。""远低于目标"的标准是："规划主要由主管完成，文化干事只是做一些辅助工作。"通过这样的分级方法就可以将定性的指标进行量化。那么如何量化绩效指标呢？

（1）从公司的战略目标入手，以目标管理法为突破口，通过层层分解，根据目标制定考核指标。目标分解一定要准确、细致，应使企业的战略目标、各部门的目标及员工的个人目标保持一致性，力求在每个层次分解出来的目标都应当明确、具体，且突出重点。

（2）结合 KPI 指标提取常用的四个维度"数量、时间、质量、成本"，以数字的形式来表达，如"时间、日期、金额、数量、百分比"等。

例如，某公司目前正在研发一款新产品，计划于某年某月上市。

首先，明确各部门的工作职责和目标，提取关键要素。

如研发部负责新品研发，生产部负责新品生产，业务部负责新品销售，人力资源部负责人员的招聘和培训等。

其次，制定量化的绩效目标，如研发部，时间上，应于 × 年 × 月 × 日完成产品研发；成本上，此新品需要多少研发费用；数量上，此新品有多少款式；质量上，此新品一次性打样合格率是多少等。

最后，分解到员工个人身上的是在什么时间范围内需要完成多大的任务量，如果延期完成一项任务，扣多少绩效分；如人力资源部，时间上每周、每月都会提交《招聘进度表》，这些岗位需要在什么时间招聘到位，成本上招聘费用多少，数量上要招聘多少人，质量上所招聘的人是否能转正，如果延期一天扣多少绩效分，招聘费用超额扣多少分，招聘达成率未完成扣多少分，所招聘人员合格率未达到扣多少分。

所以，将考核指标量化后，需要将这些分解的目标，做成一个考核表，便于统计，也有利于跟进进度。量化只是企业做好绩效管理的第一步，必须坚持量化（定量）和非量化（定性）相结合，才能取得更好的效果。

4.确定绩效考核周期

考核周期要视需要考核工作的具体内容而定。如果是一个能完成的工作，自然要按季度考核。有些工作既可以月度考核，又可以季度考核的时候，应该把握最有利于激励被考核人的原则。对于基层岗位，若考核周期过长，反馈不及时，对于被考核人的激励作用就会明显削弱。而对于高层岗位，由于其形成工作成果需要较长的周期，若按月度考核，则显得过于关注过程性指标了，考核失去重点，也会使激励作用大打折扣。像"部门企业文化规划统筹"这样的工作，通常是以季度为周期的，所以适合季度考核；而对于文化干事来说，通常的工作更适宜月度考核，因为这样才能够尽快地将工作的业绩反馈至员工，对员工的激励比较及时。

5.分级设定考核目标

将考核指标进行分级设定，可以减少员工为完成考核指标而产生的心理压力，一定程度上减少考核目标确定过程中，上下级之间的矛盾。就像体育比赛中，运动员通常都会为自己设定一个较低的基本目标和一个更高的争取目标，这样才会对比赛本身有正确的心态，也就是我们通常所设的考核目标和挑战目标。

上述将定量考核指标的目标值分成三级：基本目标、理想目标和挑战目标。这三级目标对应着不同的考核分数：80 分、100 分、120 分。设定这三个分数不是绝对的，企业可根据实际情况进行调整。三级目标的基本含义是：正常完成的工作标准、理想的工作标准和难度较大的工作标准。

具体标准确定方法可以分为主观判断和客观统计两种。主观判断就是由上下级讨论，基本目标以下级意见为主，理想目标和挑战目标以上级意见为主。

客观统计则需要借助管理控制图等工具，可以通过管理控制图统计业绩完成情况，确定分级目标值。将员工对企业文化的理解水平进行统计后，将平均完成值作为基本目标考核，将最好的历史成绩作为理想目标考核，将从未完成过的目标值作为挑战目标考核。虽然标准要求较高，但是可以达到逐步提升业绩的目的。

绩效考核指标的设定必须符合 SMART 原则。

S：（Specific）——明确的、具体的，指标要清晰、明确，让考核者与被考核者都能够准确地理解目标。

M：（Measurable）——可量化的，一家企业要量化老板、量化企业、量化组织架构。目标、考核指标更要量化，比较好、还不错这种词都不具备可量化性，将导致标准的模糊，一定是要数字化的。没有数字化的指标，是不能随意考核的，一考核就容易出现误差。

A：（Attainable）——可实现的，目标、考核指标，都必须是付出努力能够实现的，既不过高也不偏低。比如，对销售经理的考核，去年销售收入 2000 万元，今年要求 1.5 亿元，也不给予任何支持，这就是一个完全不具备可实现性的指标。指标的目标值设定应是结合个人的情况、岗位的情况、过往历史的情况来设定的。

R：（Relevant）——实际性的、现实性的，而不是假设性的。现实性的定义是具备现有的资源，且存在客观性、实实在在的。

T：（Time bound）——有时限性的，目标、指标都要有时限性，要在规定的时间内完成，时间一到，就要看结果。如要求 2000 万元的销售额，单单这么要求是没有意义的，必须规定在多长时间内完成 2000 万元的销售额，这样才有意义。

绩效标准设定且经员工共同认定后，直接上级应对员工绩效观察落实于日常工作监督中，并全方位、多角度地跟踪、反馈绩效信息，做好记录。

6. 确定考核计算公式

绩效考核计算公式建议设计成分段函数，如上述中的计算公式即分段函数。可以看出，对于处在不同数值区间的实际业绩完成值，所对应的计算公式是不同的。理由是不同阶段的指标，其完成的难易程度也是不同的，因此，不宜用一个公式来计算所有阶段的数值。

为使员工工作绩效相互间具有可比性，以便有效地实施奖惩，评估员工个人工作绩效完成情况，先计算个人绩效分值，通常情况下，采用绩效分值计算法，其计算公式为：

个人绩效分值 = ∑（KPIi 绩效分值 × KPIi 权重）× KPI 总权重 + ∑（工作目标完成分值 × 权重）× 工作目标总权重

有些企业，绩效考核采取三级考核模式，即员工个人绩效先跟企业绩效挂钩，再跟部门绩效挂钩，如果员工绩效工资先跟企业绩效挂钩，则绩效工资先根据企业绩效考核成绩进行第一次分配，就如同我们所说的——利润分红制，其计算公式为：

企业月度可分配绩效工资总额 =（公司月度实际利润 – 公司年度月平均计划利润）× 年度预留调剂工资比例 × 可分配比例

一般来讲，公司月度实际利润必须大于年度月平均计划利润，企业月度才有可分配绩效工资总额。企业年度预留调剂工资比例是为了平衡公司其他月份低于计划利润时，可以进行调剂。可分配比例可以是一个固定数，也可以根据利润增长比例而设定一个可变比例，依企业规模大小而定。

企业要与部门业绩挂钩，确定了公司月度可分配绩效工资总额，则绩效工资首先需要根据部门考核成绩在部门间进行二次分配，分配时要考虑部门价值进行加权，来确定部门可分配月度绩效工资总额，其计算公式为：

部门月度可分配绩效工资总额 = 公司可分配月度绩效工资总额 /［∑（部门加权价值 × 部门月度考核系数）］× 某部门加权价值 × 该部门月度考核系数 + 某部门月度奖罚金额

部门月度可分配绩效工资总额确定后，再根据员工考核情况在部门内进行第三次分配，其计算公式为：

某员工月度实得绩效工资 = 部门可分配月度绩效工资总额 / 〔∑（员工岗位价值系数 × 该岗位员工人数 × 员工月度考核系数）〕 × 该岗位价值系数 × 该岗位员工月度考核系数 + 某员工月度奖罚金额

考虑不同部门和不同岗位的工作价值不同，需要用到部门加权价值系数和员工岗位价值系数，其中，部门加权价值系数 = ∑（该部门员工岗位价值系数 × 该岗位员工人数）

岗位价值系数需要通过岗位评价产生，而岗位评价是薪酬体系设计的核心基础工作之一（薪酬体系需要根据岗位价值系数进行岗位工资定级），不属绩效考核体系的范畴，如未作专门评价之前，可采用"岗位价值系数 = 员工工资 ÷ 人均工资"来计算。

7. 标明考核数据来源

确定考核计算公式后，需要每个指标均标明数据来源部门和文件，以便于考核时向对口部门索取数据。考核数据的来源是绩效考核真实有效的前提，提供考核数据的部门要认真核对相关台账及其原始凭证，绩效考核管理制度中，要对提供不真实数据的责任人进行处罚，形成一个数据管理的闭环。

8. 建立考核指标编码

当企业各部门所有的绩效考核指标确定后，人力资源部绩效专员要对这些指标进行分类建档编码管理，考核指标的增加、废除由绩效专员报绩效管理小组审批，做到每一个指标都有一个编码，原则上以公司名第一个字母表示，或参照公司三阶文件中编码。例如，中国环球集团有限公司销售部的第一个"销售目标达成率"考核指标，其编码为：HQXSK01，公司用 HQ 字母表示，如果还有其他子公司，则用其子公司名第一个字母表示，销售部门用 XS 字母表示，K 是 KPI 指标的简称，部门指标多少用数字表示，01 表示是该部门的第一个指标。

在绩效管理实践中，许多企业建立了自己的绩效指标库，但是并不知道其真正作用是什么。事实上，指标库是当期考核指标的备选库，目的是实现对绩效指标的动态管理。目前，可供选择的定量指标较多，而对定性指标的研究相对较少，下面以某企业文化专员的关键业绩指标库为例，侧重于定性指标库的研究。实际工作中的考核指标会随着工作重点的变化而不断变化，需要通过建立指标库针对这些变化及时进行调整。

03 规范绩效考核流程表单

绩效考核的流程包括：制定经营管理目标及工作计划、编制考核格式表、设定绩效考核标准、绩效辅导与观察、绩效等级评定、绩效反馈与面谈、制订绩效改进计划等。

一般绩效考核程序从完整的绩效考核过程来划分，大致可分为四个阶段，即 PDCA 循环。

第一阶段：绩效考核计划（Plan）

绩效考核计划是每个绩效管理周期中的第一步，在一个新的绩效周期开始前，根据企业确立的发展战略目标，通过目标分解、逐层落实的方法，将企业的中长期目标分解成若干个短期目标，明确到每一个部门及员工个人，同时根据岗位职责，制定相应的绩效评估指标和标准。要统一定义可达成的规范性标准，在订立目标时要留有定义绩效标准的空间，建议大部分绩效标准留给考评者设定，这是绩效考核时为避免主观随意性不可缺少的前提条件。因此，在绩效计划阶段，管理者和下属需要通过沟通，对员工在绩效考核周期的绩效结果达成共识。

第二阶段：绩效实施与管理（Do）

制订了绩效计划后，员工要按计划开展工作。管理者以设定的各类绩效评估指标作为依据，对员工日常工作进行监督考核管理，并据此进行人力资源的配置、调配、考核、培训等日常管理工作。

根据现代管理的思想，考核的首要目的是对管理过程的一种控制，其核心的管理目标是通过了解和审核员工的绩效以及组织的绩效，并通过结果的反馈实现员工绩效的提升和企业管理的改善；其次考核的结果还可以用于确定员工的晋升、奖惩和各种利益的分配。很多企业都将考核定位于一种确定利益分配的依据和工具，这确实会对员工带来一定的激励，但势必会使得考核在员工心目中是一种负面的消极的形象，从而产生心理上的厌恶。这是对考核形象的一种扭曲。必须将考核作为完整的绩效管理中的一个环节看待，只有这样才能对考核进行正确的定位。完整的绩效管理过程包括绩效目标的确定、绩效的产生、绩效的考核，构成了一个循环。因此，绩效考核首先是为了绩效的提升。

第三阶段：绩效评估（Check）

在每一个绩效管理周期结束的时候，依据绩效计划，由管理者和员工共同对员工的绩效目标完成情况进行考评。绩效评估的依据是绩效计划中的关键绩效指标，还包括在绩效实施与管理过程中，收集记录下的员工日常工作表现和记录等。

第四阶段：绩效反馈面谈（Action）

在每个绩效管理周期内，最后阶段就是绩效反馈面谈。绩效反馈面谈是由员工的直接上级／考评小组，对中高层员工的绩效面谈，人力资源部应旁听。

绩效反馈面谈，重在让员工明白工作就要按标准执行，要把任务具体化，并在工作中做好记录，做到科学规范，有源可溯。由此，使员工知道管理者对自己的期望，了解自己的绩效，认识到自身有待改进的方面；与此同时，员工也可就自己在完成绩效目标过程中遇到的困难、问题，与管理者沟通，在其指导下及时解决，确保在下个绩效考核周期内员工和企业的绩效都能得到有效提升。只有这样，才能让管理者和员工都亲自参与到考核中来，让管理者和员工从内心接受考核本身，并身体力行地去执行它，达到预期效果。

综上所述，当一个绩效考核周期完成后，根据绩效评估，在反馈结果的基础上，进行反馈面谈，并开始制订新的绩效管理计划，然后进入下一轮的实施与管理、调整与评估。如此周而复始，形成每完成一个绩效管理周期都不断上升的环，无限循环、持续提升的良好趋势，使企业整体处于一个良性竞争中（如图3-1所示）。

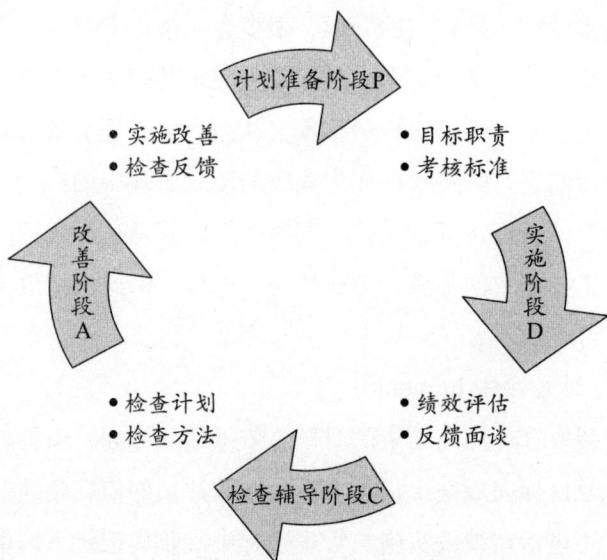

图 3-1　绩效考核流程图

在企业绩效考核过程中，除了各岗位的绩效考核指标以外，还有很多用来证明这些考核指标数据的大量表单，这些绩效考核表单是对员工的工作绩效、工作能力、工作态度以及个人品德等进行评价和统计，并用之判断员工与岗位的要求是否相称的方法。所以，我们在设计绩效考核表时，要统筹规划，确保表单内容能完全覆盖该岗位核心工作。重点说明三个内容：

1. 绩效考核表的设计

（1）绩效考核表设计规范：绩效考核表是绩效考核的直接工具，也是前期绩效考核准备工作成果的直接表现，所以绩效考核表的设计影响绩效考核工作的结果。绩效考核表设计应注意以下四点：

- 考核表单设计的总体风格应参考企业现有表单的文化元素；
- 考核指标应尽量量化并体现公司经营目标；
- 考核方案注重指标和权重及考核结果；
- 考核方案实施前较好地征求了被考核部门领导及员工的意见与建议。

（2）绩效考核指标设计规范：管理是科学，更是艺术，绩效管理依结果而言永远是一种手段，而不是目的，考核指标的结构设计应该要做好以下两点：

第一，以量化目标和行为目标两个维度对员工进行考核。一个企业的发展目标是多样的，一些是有数据的指标，我们称为量化目标，一些是不可或不易量化的指标，我们称为行为目标。对于业务部门而言，量化目标相对多些；反之，对于管理类部门，行为目标则占主导地位，个别管理专家片面强调指标的量化，其实是错误的，因为不可或不便量化并不等于不可衡量。总之，在设计时，要做到量化关键结果，细化关键行为，举例如下：

表 3-1　某企业人力资源部经理考核表

职位	类型	KPI 指标	权重	绩效目标值	考核得分
人力资源经理	量化目标	人力资源成本预算控制率	20%	考核期内人力资源成本预算控制率在＿＿% 以下	
		员工流失率	15%	考核期内企业员工流失率不得高于＿＿%	
	行为目标	人力资源工作计划按时完成率	20%	考核期内人力资源工作计划按时完成率达 100%	
		员工满意度	15%	考核期内员工满意度评价达到＿＿分以上	
		招聘计划达成率	15%	考核期内招聘计划完成率达 100%	
		培训计划达成率	15%	考核期内培训计划完成率达 100%	
本次考核总得分					
考核指标说明	1. 人力资源成本预算控制率 $= \dfrac{实际发生费用}{预费算用} \times 100\%$ 2. 员工流失率 $= \dfrac{本期员工流失人数}{本期员工总人数} \times 100\%$ 3. 人力资源工作计划按时完成率 $= \dfrac{已完成工作量}{计划完成工作量} \times 100\%$ 4. 员工满意度 $= \dfrac{满意员工数}{已调查员工数} \times 100\%$ 员工满意度通过对员工发放满意度调查问卷，计算其满意度评分的算术平均值 5. 招聘计划达成率 $= \dfrac{已招聘到人数}{计划招聘总人数} \times 100\%$ 6. 培训计划达成率 $= \dfrac{已培训课程数}{计划培训课程数} \times 100\%$				

表 3-2　某企业业务部经理考核表

职位	类型	KPI 指标	权重	绩效目标值	考核得分
业务经理	量化目标	销售目标达成率	20%	考核期内销售目标完成＿＿＿亿元	
		利润目标达成率	20%	考核期内利润目标完成＿＿＿万元	
		销售回款率	15%	考核期内销售回款率达＿＿＿%	
		销售费用率	15%	考核期内销售费用控制在＿＿＿万元	
	行为目标	新客户实现率	10%	考核期内销售新客户开发＿＿＿家（每家 100 万元以上）	
		订单准交率	10%	考核期内销售订单准交率达＿＿＿%	
		客户满意度	10%	考核期内客户满意度达＿＿＿%（调查 50 个客户）	
本次考核总得分					

考核指标说明	1. 销售目标达成率 $= \dfrac{实际完成销售额}{销售目标额} \times 100\%$ 2. 销售利润达成率 $= \dfrac{实际销售利润额}{销售利润目标额} \times 100\%$ 3. 销售回款率 $= \dfrac{已完成回款额}{实际销售额} \times 100\%$ 4. 销售费用率 $= \dfrac{已发生的销售费用额}{计划销售费用总额} \times 100\%$ 5. 新客户实现率 $= \dfrac{已开发新客户数}{计划新客户开发数} \times 100\%$ 6. 订单准交率 $= \dfrac{已按时完成订单数}{计划完成订单数} \times 100\%$ 7. 客户满意度 $= \dfrac{调查满意客户数}{实际发放调查客户数} \times 100\%$ 客户满意度通过对客户发放满意度调查问卷，计算其满意度评分的算术平均值

第二，考核关键职责，突出重点，符合巴莱多定律。绩效考核内容应涵盖部门工作的各个主要方面，设计考核指标时，注重关键流程中的重要指标，设计指标时，考核内容不应有重合，对重要的关键指标，可以增加权重。

二八定律是管理工作中应遵循的一条既基本又十分重要的法则，目前在西方现代企业管理中十分流行的关键业绩指标考核方法的实质就源于该法则，因为我们不可能对所有的工作内容进行考核和监督，但如果能将其中起关键作用的 20% 指标进行有效管理，则事半功倍、成功有望。

2. 绩效考核数据收集表单的设计

绩效考核表单设计好之后，各部门按考核周期进行考核，考核时需要统计大量的数据，这些数据来源于不同的部门，有些是本部门自己提供，有些是跨部门提供，有些数据是多部门、多岗位共用，所以有必要对所有数据提供进行表单管理，一是数据提报，此表单主要是规范各部门应提报哪些数据，如表 3-3 某企业财务部提报考核数据表所示；二是表单管理，此表单主要是规范各部门是否按规定时间提报数据，如表 3-4 某企业考核数据收集点检表所示。

表 3-3　某企业财务部提报考核数据表

序号	指标编号	指标名称	考核部门	考核目标	考核结果	数据提报人	数据审核人	备注
1		销售目标达成率	业务部					
2		销售利润达成率	业务部					
3		销售回款率	业务部					
4		费用预算控制率	各部门					
5		存销比	业务部					
6		产品损耗率	生产部					
7		人均产值	生产部					
8		生产成本费用率	生产部					
9		人工成本费用率	人力资源部					

该数据表说明，以上数据均由财务部提供。

表 3-4　某企业财务部考核数据收集点检表

序号	指标编号	指标名称	表单编号	表单名称	应提报人	应提报时间	实际提报时间	备注
1		销售目标达成率		月度销售额、利润额汇总表	销售会计	每月 8 日		
2		销售利润达成率						

序号	指标编号	指标名称	表单编号	表单名称	应提报人	应提报时间	实际提报时间	备注
3		销售回款率		月度销售回款额汇总表	出纳	每月 8 日		
4		费用预算控制率		每月各部门费用预算及实际费用汇总表	财务经理	每月 8 日		
5		存销比		每月销售额与库存额汇总表	财务经理	每月 8 日		
6		产品损耗率		每月各车间产品损耗额汇总表	成本会计	每月 8 日		
7		人均产值		每月各车间产值额与员工人数汇总表	成本会计	每月 8 日		
8		生产成本费用率		每月各车间生产成本汇总表	成本会计	每月 8 日		
9		人工成本费用率		每月各部门人工成本汇总表	成本会计	每月 8 日		

该数据表说明，以上数据原始表单提报人是否及时提供，此表由数据收集人登记。

3. 绩效考核数据的收集及表单的整理

上面讲到了绩效考核数据提报表单及收集表单的设计，其实在设计时，就应该考虑到考核数据的收集整理，如何收集考核数据，如何收集考核表，绩效考核数据及考核表又如何整理，这是规范绩效考核流程，确保绩效考核公正的重要步骤。

（1）如何收集考核数据

从表 3-3《某企业财务部提报考核数据表》中可以看出，相关数据提报人，只要按时提报相关考核指标汇总表或台账，就能知道考核数据结果，所以收集考核数据，必须先收集考核汇总表及台账，收集前，此表须经提报人自查，直接上级审核后，交绩效考核专员汇总，然后交由各考核部门按数据结果进行考核。

（2）如何收集考核表

当各部门的考核数据提报及审核后，相关考核数据就要应用到个人绩效考核表中，依考核表权重得出各项考核分数，再汇总出考核总分，经被考核人直接上级审核，间接上级审批后，由直接上级与被考核人确认并面谈，然后经被考核人签字后，报绩效考核专员，由绩效考核专员汇总、分析，并报薪酬专员核算绩效工资。

（3）绩效考核数据及考核表又如何整理

表 3-3《某企业财务部提报考核数据表》中有一个指标编号和一个表单编号，指标编号是指企业所有指标经评定后，给予一个编码；所有汇总表单经评定后，给予一个编码，另外，所有岗位的绩效考核表，如表 3-1、表 3-2 一样，都有唯一的编码。这样便于整理与查询。

根据三类表编号，建立可供追溯的目录，包括：指标编号、名称、指标值与计算公式，以及部门、岗位、人、归档编号。整理时，要建档案目录，包括：计划／方案、总结、考核表（阶段、汇总）、记录（过程、结果、评价），其他有关资料等。

04 建立绩效考核评价标准

开展绩效考核工作，实行有效的考核评价和目标管理，必须有科学合理的、能满足公司生产经营管理和实际发展需要的绩效考核工作机制和考核评价标准。因为绩效考核评价标准是绩效考核的核心部分之一，要结合公司生产经营管理和员工队伍建设实际，建立和完善一套科学、合理的员工绩效考核评价标准，真正发挥绩效考核工作正确的导向、激励作用。在制定绩效考核评价体系的实践中，要与时俱进，针对不同岗位、不同类型，制定不同的考评指标和实绩评价标准（如共同部分和岗位职能、职责部分）。

企业绩效评价体系（Performance-Appraising System of Enterprise），是指由一系列与绩效评价相关的评价制度、评价指标体系、评价方法、评价标准以及评价机构等形成的有机整体。

企业绩效评价体系由绩效评价组织体系、绩效评价制度体系和绩效评价指标体系三个子体系组成。

1. 绩效评价组织体系

企业绩效评价组织体系，是企业实现战略目标的工具，也是企业组织体系中为实现目标组建的项目管理团队。绩效评价组织是企业绩效考核管理委员会机构中负责绩效评价的专职项目团队，应由企业资深管理人员担任，至少是由部门经理级人员担任。绩效评价组织成员应对绩效考核标准非常熟悉，能公正、公平地评价每个岗位的难易程度，准确把握绩效考核指标标准，有效判断考核数据真实性，解决绩效评价中遇到的各种问题。

企业目标的实现需要各方面的共同努力，如组建有效的组织体系、建立直线管理控制系统、制定科学的预算模式、设计可行的绩效评价体系和激励系统等，绩效评价体系要处理好评价系统目标和企业目标之间的依存关系。

2. 绩效评价制度体系

目标是一切行动的指南，任何企业绩效评价制度体系的建立必须服从和服务于企业总体目标。绩效评价制度的建立，首先是绩效评价标准的建立，绩效评价标准是指判断评价对象业绩优劣的标杆，选择什么标准作为评价的标杆取决于评价的目的。在企业绩效评价体系中常用的三类标准分别为年度预算标准、历史标准及行业标准，也有企业在追求卓越绩效时，企业标准高于行业标准，为了全面发挥绩效评价体系的功能，同一个系统中应同时使用这三类不同的标准。

绩效评价制度体系能确保绩效评价工作按流程正常运行，能确保绩效评价对象的评价结果应用于奖惩、升降及聘用时公平合理，能确保绩效评价产生的作用影响企业扩张、重组、转型等经营活动朝着健康方向发展。

3. 绩效评价指标体系

绩效评价指标是指对评价对象的哪些方面进行评价，绩效评价人员以绩效评价对象为单位，通过会计信息系统及其他信息系统，获取与评价对象有关的信息，经过加工整理后得出绩效评价对象的评价指标数值或状况，将该评价对象的评价指数的数值状况与预先确定的评价标准进行对比，通过差异分析，找出产生差异的原因、责任及影响，得出评价对象绩效优劣的结论，形成绩效评价报告。

绩效评价体系关心的是评价对象与企业目标的相关方面，即所谓的关键成功因素。关键成功因素既有财务方面的，如投资报酬率、营业利润率、每股收益等；也有非财务方面的，如与客户的关系、售后服务水平、产品质量、创新能力等。因此，作为用来衡量绩效的指标也分为财务指标和非财务指标。如何将关键成功因素准确地体现在各具体指标上，是绩效评价指标体系设计的重要问题。

05　老 HRD 典型案例分析

绩效考核是人力资源管理的一个核心内容，管理中的核心问题是对人的管理，这就使得人力资源管理在现代管理者心目中的地位更加重要。很多企业已经认识到考核的重要性，并且在绩效考核的工作上投入了较大的精力，如何对员工的绩效进行考核，是企业管理者所面临的一个重大问题，让我们一起来分析下面这个案例。

【实操案例】

公司名称：A 公司

成立时间：1995 年

员工人数：1000 人

公司规模：总公司无业务部，只设职能部门，5 个子公司，分别从事不同的业务

行业地位：行业前三甲，管理规范企业

面临问题：由于国家政策的变化，该公司面临着众多小型企业的挑战，为此，公司从前几年开始，一方面参加全国百家现代化企业制度试点；另一方面

着手从管理上进行突破。

管理现状：绩效考核工作是公司重点投入的一项工作，公司的高层领导非常重视，人力资源部具体负责绩效考核制度的制定和实施，人力资源部在原有的考核制度基础上制定出了《管理人员考核办法》。在每年年底正式进行考核之前，人力资源部会再出台当年的具体考核方案，以使考核达到可操作化程度。

A 公司的做法通常是由公司的高层领导与相关的职能部门人员组成考核小组，考核的方式和程序通常包括被考核者填写述职报告、在自己单位内召开全体职工大会进行述职、民意测评（范围涵盖全体员工）、向经理级管理人员甚至全体职工征求意见（访谈）、考核小组进行汇总写出评价意见，并征求主管副总的意见后报公司总经理。

考核的内容主要包含三个方面：被考核单位的经营管理情况，包括该单位的财务情况、经营情况、管理目标的实现等方面；被考核者的德、能、勤、绩及管理工作情况；下一步工作打算，重点努力的方向。具体的考核细目侧重于经营指标的完成、政治思想品德，对于能力的定义则比较抽象。各业务部门（子公司）都在年初与总公司对于自己部门（子公司）的任务指标进行了讨价还价。

对管理人员的考核完成后，公司领导在年终总结会上进行说明，并将具体情况反馈给个人，尽管考核的方案中明确说明考核与人事升迁、工资的升降等方面挂钩，但最后的结果总是不了了之，没有任何下文。

对于一般员工的考核则由各部门的领导掌握，子公司的领导对于下属业务人员的考核通常是从经营指标的完成情况（该公司中所有子公司的业务员均有经营指标的任务）来进行的；对于非业务人员的考核，无论是总公司还是子公司，均由各部门的领导自由进行，通常的做法，是到了年度要分奖金了，部门领导才会对自己的下属做一个笼统的排序。

这种考核方法，使得员工的参与程度较高，颇有点儿声势浩大、轰轰烈烈的感觉。公司在第一年进行操作时，获得了比较大的成功。由于被征求了意见，一般员工觉得受到了重视，感到非常满意。领导则觉得该方案得到了大多数人的支持，也很满意。但是，被考核者认为自己的部门与其他部门相比，由于历史条件和现实条件不同，年初所定的指标不同，觉得相互之间无法平衡，心里还是不服。考核者尽管需访谈三百人次左右，忙得团团转，但由于大权在握，体会到考核者的权威，还是乐此不疲。

进行到第二年时，大家已经丧失了第一次时的热情，第三年、第四年进行考核时，员工考虑前两年考核的结果出来后，业绩差或好的领导并没有任何区别，自己还得在他手下干活，领导来找他谈话，他也只能敷衍了事。被考核者认为年年都是那套考核方式，没有新意，失去积极性，只不过是领导布置的事情，不得不应付。

A公司的做法是相当多的企业在考核上的典型做法，带有一定的普遍性。这种做法在一定程度上确实发挥了其应有的作用，但是，这种做法在对考核的理解和实施上还存在一些问题。

1. 对考核定位的模糊与偏差

考核的定位是绩效考核的核心问题，所谓考核的定位问题其实质就是通过绩效考核要解决什么问题，绩效考核工作的管理目标是什么。考核的定位直接影响到考核的实施，定位的不同必然带来实施方法上的差异。对绩效考核定位的模糊主要表现在考核缺乏明确的目的，仅仅是为了考核而进行考核，这样做的结果通常是考核流于形式，考核结束后，考核的结果不能充分利用起来，耗费了大量的时间和人力、物力，结果不了了之。考核定位的偏差主要体现在片面看待考核的管理目标，对考核目的的定位过于狭窄。例如，A公司的考核目的主要是年底分奖金。

考核的定位问题是核心问题，直接影响到考核的其他方面特点。因此，关于考核的其他误区在很大程度上都与这个问题有关。

2. 绩效指标的确定缺乏科学性

选择和确定什么样的绩效考核指标，是考核中一个重要的同时也比较难以解决的问题。像A公司这样的许多公司所采用的绩效指标，通常一方面是经营指标的完成情况，另一方面是工作态度、思想觉悟等一系列因素，能够从这两方面去考核是很好的，但是对于如何科学地确定绩效考核的指标体系以及如何考核的指标具有可操作性，许多企业是考虑得不很周到的。

一般来说，员工的绩效中可评价的指标一部分应该是与其工作产出直接相关的，也就是直接对其工作结果的评价，国外有的管理学家将这部分绩效指标称为任务绩效；另一部分绩效指标是对工作结果造成影响的因素，但并不是以结果的形式表现出来的，一般为工作过程中的一些表现，通常被称为周边绩效。对任务绩效的评价通常可以用质量、数量、时效、成本、他人的反应等指标来进行评价，对周边绩效的评价通常采用行为性的描述来进行评价。这样就使得绩效考核的指标形成了一套体系，同时也可以操作化地评价。A 公司的绩效指标中，在任务绩效方面仅仅从经营指标去衡量，过于单一化，很多指标没有囊括进去，尤其是对很多工作来说主产不仅仅是经营的指标。在周边绩效中，所采用的评价指标多为评价性的描述，而不是行为性的描述，评价时多依赖评价者的主观感觉，缺乏客观性，如果是行为性的描述，则可以进行客观的评价。

3. 考核周期的设置不尽合理

所谓考核的周期，是指多长时间进行一次考核。多数企业者像北京中国梦飞公司这样，一年进行一次考核。这与考核的目的有关系。如果考核的目的主要是分奖金，那么自然就会使得考核的周期与奖金分配的周期保持一致。

事实上，从所考核的绩效指标来看，不同的绩效指标需要不同的考核周期。对于任务绩效的指标，可能需要较短的考核周期，如一个月。这样做的好处是：一方面，在较短的时间内，考核者对被考核者在这些方面的工作产出有较清楚的记录和印象，如果都等到年底再进行考核，恐怕就只能凭借主观的感觉了；另一方面，对工作的产出及时进行评价和反馈，有利于及时地改进工作，避免将问题一起积攒到年底来处理。对于周边绩效的指标，则适合于在相对较长的时期内进行考核，如半年或一年，因为这些关于人的表现的指标具有相对的稳定性，需较长时间才能得出结论，不过，在平时应进行一些简单的行为记录作为考核时的依据。

4. 考核主体的关系不够合理

要想使考核有效地进行，必须确定好由谁来实施考核，也就是确定好考核者与被考核者的关系。北京中国梦飞公司采用的方式是由考核小组来实施考核，这种方式有利于保证考核的客观、公正，但是也有一些不利的方面。

通常来说，获得不同绩效指标的信息需要从不同的主体处获得，应该让对某个绩效指标最有发言权的主体对该绩效指标进行评价，考核关系与管理关系保持一致是一种有效的方式，因为管理者对被管理者的绩效最有发言权，而考核小组可能在某种程度上并不能直接获得某些绩效指标，仅通过考核小组进行考核是片面的。当然，管理者也不可能得到关于被管理者的全部绩效指标，还需要从与被管理者有关的其他方面获得信息。所谓 360 度考核就是从与被考核者有关的各个方面获得对被管理者的评价。

5. 绩效考核的环节衔接不好

要想做好绩效考核，还必须做好考核期开始时的工作目标和绩效指标，确认工作和考核期结束时的结果反馈工作。这样做的前提是基于将绩效考核放在绩效管理的体系中考虑，孤立地看待考核，因此就没有能够重视考核前期与后期的相关工作。在考核之前，主管人员需要与员工沟通，共同确认工作的目标和应达成的绩效标准。在考核结束后，主管人员需要与员工进行绩效面谈，共同制订今后工作改进的方案。

以上五点指出了目前在许多企业的考核中经常会出现的一些问题。当然，绩效考核仅仅是整个管理工作的一个环节，绩效考核工作要想真正有效，还需要其他工作的共同配合，如激励、培育手段等。

H小贴士
Human Resources

巴莱多定律，又叫二八定律：通常一个企业 80% 的利润来自它 20% 的项目，定律被一再推而广之——经济学家说，20% 的人手里掌握着 80% 的财富。有这样两种人，第一种占了 80%，拥有 20% 的财富；第二种只占 20%，却掌握 80% 的财富。可见，绩效考核指标不要太多，只关注被考核者的关键工作就行。

第**4**章

建立体系，提炼指标寻找目标

任何一家企业，当绩效考核成为企业管理的一项重要战略之后，就意味着这家企业的人力资源管理工作要迈上一个新的台阶，人力资源部门将会成为这家企业组织中一个重要的管理部门。企业战略目标是一种宏观目标，是长期的、方向性的目标，人力资源部要能从这些战略目标中提炼具体的、可量化的指标进行考核。目标本身就是一种激励，能够激发员工斗志，特别是当企业目标充分体现了团队的共同利益，使团队目标与个人目标很好地结合在一起时，就会极大地激发组织成员的工作热情。

人力资源部在制定企业战略目标时，应当结合公司所处内部、外部环境，要有具体的实现时间，以及目标实现的效果，切忌一味贪大求全。

01 从企业战略中寻找目标

企业战略管理是对企业战略的设计、选择、控制和实施，直至达到企业战略总目标的全过程，一个公司如果没有战略目标，就如看不到航标的轮船，只能随波逐流，危机重重，公司战略目标如同黑夜中的北斗七星，为公司昭示方向，并激发员工建功立业的激情和梦想，要在这些战略中寻找可量化的目标，首先要了解和分析这些企业战略：

1. 企业战略的三个基本层次

（1）企业总体战略

企业总体战略指公司层战略，如集团公司中的总公司或母公司战略，企业总体战略决定和显示了企业的目的和目标，确定企业的重大方针和计划，企业应对职工、顾客和社会做出的具体贡献。

（2）企业竞争战略

企业竞争战略主要解决企业如何选择经营行业，如何确定自身在这个行业中的竞争地位，回答企业应该在哪儿竞争，与谁竞争和怎样竞争的基本问题。内容上包括如何选择行业与区域市场，企业将为其提供什么样的产品或服务，市场的竞争结构，以及企业将采用什么战略去谋求竞争优势，获取较长期的盈利。由此可见，公司战略涉及组织的整体决策，而竞争战略则更适用于某个具体的经营组织。

（3）企业职能战略

企业职能战略是为实现企业总体战略和竞争战略，对组织内部各项关键的职能活动做出的统筹安排。如人力资源开发战略、技术研发战略、市场营销战略、供应链战略、财务战略等，企业职能战略是企业战略的一个重要组成部分。

2. 企业战略的四大目标

（1）市场目标。一个企业在制定战略目标时最重要的决策是企业在市场上的相对地位，它常常反映了企业的竞争地位。企业所预期达到的市场地位应该是最优的市场份额，这就要求对顾客、对目标市场、对产品或服务、对销售渠道等做仔细的分析，这其中包括产品目标、渠道目标、沟通目标等。

（2）创新目标。在环境变化加剧、市场竞争激烈的社会里，创新概念受到重视是必然的，创新作为企业的战略目标之一，使企业获得生存和发展的生机和活力。在每一个企业中，基本上存在着三种创新：技术创新、制度创新和管理创新。为树立创新目标，战略制定者一方面必须预计达到市场目标所需的各项创新，另一方面必须对技术进步在企业的各个领域中引起的发展做出评价。

（3）盈利目标。这是企业的一个基本目标，企业必须获得经济效益，作为企业生存和发展的必要条件和限制因素的利润，既是对企业经营成果的检验，又是企业的风险报酬，也是整个企业乃至整个社会发展的资金来源。盈利目标的达成取决于企业的资源配置效率及利用效率，包括人力资源、生产资源、资本资源的投入产出目标。

（4）社会目标。现代企业越来越多地认识到自己对用户及社会的责任，一方面，企业必须对本组织造成的社会影响负责；另一方面，企业还必须承担解决社会问题的部分责任。企业注意良好的社会形象，既为自己的产品或服务争得信誉，又促进组织本身获得认同。企业的社会目标反映企业对社会的贡献程度，如环境保护、节约能源、参与社会活动、支持社会福利事业和地区建设活动等。

在实际中，由于企业性质的不同，企业发展阶段的不同，战略目标体系中的重点目标也大相径庭，同一层次战略目标之间也会有差异。

02 在战略目标中提炼指标

在上一小节中，讲到了市场目标、创新目标、盈利目标和社会目标，这是企业战略目标中按企业宗旨分类的，在细分目标之后，还得了解这些目标的定义及考核指标。

1. 四大目标的定义

（1）市场定位。公司的市场定位问题，就是要明白谁是你的客户，公司无论大小首先要明确自己的业务对象，即为谁提供产品或服务，业务对象越明确，准备也就越充分，工作也就越有针对性，其成功的概率也就越高，业务对象模糊，准备工作很难聚焦，因此，制定公司战略目标，首先要识别自己的客户特征，如是大公司还是中小公司、新公司还是老公司、中老年还是青少年、男人还是女人等。只有辨清客户的基本特征，才可以恰当地设计自己的产品或服务，有效区别于竞争对手，抢占市场份额。

（2）创新目标。创新是一个企业生存和发展的灵魂，对一个企业而言，创新可以包括很多方面：技术创新、产品创新、体制创新、思想创新。简单来说，技术创新可以提高生产效率，降低生产成本；体制创新可以使企业的日常运作更有秩序，便于管理，同时也可以摆脱一些旧的体制的弊端；思想创新是相对比较重要的一个方面，是企业文化的核心，领导者思想创新能够保障企业沿着正确的方向发展，员工思想创新可以增强企业的凝聚力，发挥员工的创造性，为企业带来更大的效益。产品创新是企业永续经营的核心动力，许多大企业都有自己的研发部门进行自主创新，具有自己的知识产权和发明专利。体制创新是目前绝大多数企业在走的路，如电子商务，在降低企业交易费用和经营成本的同时，正深刻地改变着企业的经营模式。

（3）盈利目标。企业经营的目的是盈利，盈利才能持续发展，如何创造利润，指的是公司要设计好你的产品组合或服务组合，在市场经济日趋成熟的今天，每组产品或服务都要赚钱已经成为一种奢望，成熟的公司必须知道你的核心产品（服务）是哪些，防守产品（服务）是哪些，这些产品（服务）尽可能保本甚至短期亏损，但为了赢得或保护市场而必须继续存在，只有这样才能维护公司核心产品、稳定利润和市场份额。比如，一些超市就是通过小比例的廉价商品招揽顾客，带动专供商品的销售，获得丰厚的回报的。公司经营讲究"有所为有所不为"，就是说公司要清楚自己能做什么，不能做什么；该做什么，不该做什么，这样才能有所作为。许多大型公司垮掉的原因是主营业务不突出，跨行业过多，最后导致资金链断裂，如古人所讲：生行莫入，熟行莫出。

（4）社会目标。国家有国家的社会目标，如胡锦涛在党的十八大上首次提出要在 2020 年全面建成小康社会，小康社会不是一个模糊的概念，是有许多指标要求的；企业也应该有自己的社会目标，如提供就业岗位、提交国家税收、减少排污指标等。

2. 四大目标中的关键指标

（1）市场目标中的关键指标：首先第一个指标就是市场占有率，又称市场份额，它在很大程度上反映了企业的竞争地位和盈利能力，是企业非常重视的一个指标，市场份额具有两个方面的特性：数量和质量。市场份额数量也就是市场份额的大小。一般有两类表示方法：一类是用企业销售占总体市场销售的百分比表示，另一类是用企业销售占竞争者销售的百分比表示。市场份额质量是指市场份额的含金量，是市场份额能够给企业带来的利益总和。这种利益除了现金收入以外，也包括了无形资产增值所形成的收入。衡量市场份额质量的标准主要有两个：一个是顾客满意率，另一个是顾客忠诚率。顾客满意率和顾客忠诚率越高，市场份额质量也就越好；反之，市场份额质量就越差。

（2）创新目标中的关键指标：仅就产品而言，就是新产品开发数量及新产品销售额，或新产品销售占比，这个指标可以说明企业在研发能力上的竞争优势在哪里，另一情况是新产品带来的利润贡献值是多少。如果分析商业模式的创新，就要分析电子商务线上销售及传统渠道线下销售带来的利润变化，这对分配企业盈利目标指标具有指导意义。

（3）盈利目标中的关键指标：盈利目标最关键的一个指标就是利润率，考核指标有时也称利润增长率，目标利润是指企业在一定时间内争取达到的利润目标，反映着一定时间财务、经营状况的好坏和经济效益高低的预期经营目标，是反映企业赚不赚钱的问题，有的企业虽然销售额有所增长，但利润率在下降或亏损，则说明这个企业的销售增长是一种虚假的繁荣。从盈利目标中还可细分为其他几个影响利润率达成的指标，如生产成本占比、管理成本占比、人工成本占比等指标。

（4）社会目标中的关键指标：一般企业在绩效考核中很少设立社会目标，这些企业家往往把这些目标当作经营企业以外的个人行为，所以很多企业文化的建设就缺少根基，灵魂不在，做再大的慈善也是作秀，不会长久。也有企业在设立考核指标时，将员工满意度作为一项关键指标，这也算是社会目标在企业应用中的一大进步。

以下我们将四大目标的关键指标进行梳理，表 4-1 所示。

目标	市场目标	创新目标	盈利目标	社会目标	备注
关键指标	销售额	新产品开发完成率	利润增长率	慈善增长率	
	市场占有率	新产品销售达成率	人工成本占比	利税贡献值	
	客户满意度	新产品贡献值	生产成本占比	员工满意度	
	客户忠诚度	新产品线上与线下比	管理成本占比	零事故	

上面就每一个大类目标所细分的关键指标进行了说明，主要是让大家学会从目标中怎样提炼关键指标，而这些指标与目标之间又有哪些关联性，由于后面章节还会谈到更具体的考核指标来源，所以关于四大目标的定义，以及由四大目标引出的其他分类指标，在此仅作简要说明，为以后全员绩效考核打下基础。

03 ｜人力资源绩效考核体系

作为企业的管理核心之一，大型企业都会设置企业战略发展总监这个职位，使其担负着企业战略研究、规划、制定的重任，还要善于在大环境下找出适合企业发展的战略方向，还要有容世容人容事的襟怀、高瞻远瞩的视野、深刻的洞察分析力、正确的判断力，以及持续创新的事业家精神，深知企业全面战略管理体系，特别是人力资源战略体系的建设。企业战略发展总监与企业人力资源总监一起，认真研究企业绩效考核体系，与各部门中高层管理人员深度沟通，形成一套可落地执行的人力资源战略绩效体系。

1. 什么是企业人力资源战略绩效体系

人力资源战略是企业发展战略的一个重要组成部分，是在企业总体战略指导下制定的企业人力资源发展的战略，包括企业人力资源的使命和价值观，人力资源发展的目标、方向、方针与政策等。人力资源战略核心工作包括人力资源规划、组织管理和文化管理三大领域。人力资源规划是在人力资源战略基础上对企业未来人才的需要、供给、培养与选拔方式进行科学、整体的预测和规划，它是企业人力资源管理其他职能的基础。组织管理是在企业流程设计的基础上为了保证战略目标的实现而设计的企业组织结构、管理模式和岗位配置、人员配置（定编、定岗、定员）以及在新的企业发展阶段和新的经营环境下对现有组织结构进行创新和变革等，广义的组织管理还包括对企业基本制度的安排，即法人治理机制，其涉及对企业所有权、控制权和经营权的合理安排，绩效体系就是评估和监测企业战略管理过程中最重要的构成要素。文化管理是人力资源管理的最高层次，其涉及对企业现有文化的分析和创建，构建一个包括企业核心价值、理念文化、制度文化、行为文化和表象文化等多层次、相互影响的文化体系，为员工和企业的发展创造一个比较好的氛围，企业文化管理还包括对企业文化的创新和重塑等。

人力资源战略绩效体系就是以企业战略为导向，以战略实施过程为路径，以科学公正的测评方法为工具，以企业盈利目标实现为结果的一个绩效管理体系，是人力资源战略的一个重要组成部分，是企业战略的传递系统，通过科学、合理的绩效考核，把企业战略思想、目标、核心价值观层层传递给员工，使之变成员工的自觉行为，并能不断提高员工素质，使员工行为有助于企业目标的实现。

随着信息时代的到来，企业核心价值以及获得竞争优势不再体现在有形资产上，企业价值基础来源由有形资源向无形资源的改变，来自对人力资本、企业文化、信息技术、内部运作过程质量和顾客关系等无形资产的开发和管理，而这一切都取决于员工素质水平，员工素质是企业战略能否实现的决定性因素之一，这就要求绩效管理体系既要体现战略性，又要体现出员工素质导向性，强调员工能力、潜力识别及发展培训。企业管理者要站在战略管理的高度，基于企业长期生存和持续稳定发展的考虑，对企业发展目标、达到目标的途径进行总体谋划。

2. 为什么要建立人力资源战略绩效体系

建立人力资源战略绩效体系的第一个核心目的是实现企业战略。绩效考核应当通过制订绩效计划将员工的工作活动与组织的目标联系起来。执行组织战略的主要方法之一是，首先界定为了实现某种战略所必需的结果、行为以及（在某种程度上还包括）员工的个人特征，然后再设计相应的绩效衡量和反馈系统，从而确保员工能够最大限度地展现出这样一些特征及行为结果。为了达到这样一种战略目的，绩效考核系统本身必须是具有一定灵活性的，这是因为当企业目标和战略发生变化的时候，组织所期望的结果、行为以及员工的特征需要随之发生相应的变化。

建立人力资源战略绩效体系的第二个核心目的是有效的管理。绩效考核可以保证员工履行自己的职责，保证公司各项经营管理事项顺利的实现，保证公司各项规章制度、工作程序能得到贯彻执行，企业可以通过绩效管理，鼓励员工比较好的工作行为和工作结果，限制、避免员工不好的行为出现，保证公司各项经营管理事项顺利的实现，保证公司各项规章制度、工作程序能得到贯彻执行。

建立人力资源战略绩效体系的第三个核心目的是激励。通过绩效考核，使绩效结果与员工薪酬、晋升、奖罚等有效联系起来，实现奖优罚劣，奖勤罚懒，能充分调动员工的积极性、责任心和使命感。良好的战略绩效体系既能给优秀的员工提供最多和最大的成长机会，也能给优秀的员工提供最大的回报，对促成良好的个人绩效、部门绩效和企业绩效起到至关重要的作用。

建立人力资源战略绩效体系的第四个核心目的是诊断。绩效考核可以说是自身健康的检验过程，通过分析影响绩效的因素，找出不利的关键因素，寻找解决办法，进一步完善管理机制，提高企业的经营管理效率。在影响绩效的因素中，有被评估者自身的因素，但是也有企业管理机制、工作环境以及企业外部因素。绩效考核的目的就是要寻找到这些因素，当企业管理机制、工作环境以及企业外部等因素影响员工的绩效时，如果企业通过绩效考核找到了这些因素并排除时，战略绩效体系的诊断目的就实现了，当然绩效考核主要是为了提高绩效，因此诊断是绩效考核的核心目的之一。

建立人力资源战略绩效体系的最后一个核心目的是实现对员工的开发。通过绩效考核，分析影响绩效的因素，找出员工自身存在的各种不足，对员工进行进一步的开发，以使他们能够有效地完成工作。当一名员工的工作完成情况没有达到他所应当达到的水平时，绩效考核就寻求改善他们的绩效。在绩效评价过程中，所提供的反馈就是要指出员工所存在的弱点和不足，然而，从比较理想的角度来说，战略绩效体系并不仅仅是要指出员工绩效不佳的方面，这时还要找出导致这种绩效不佳的原因所在——比如说，存在技能缺陷、知识问题或者是某些障碍抑制了员工提高绩效，等等。

3. 如何建立人力资源战略绩效体系

（1）确立目标。我们都知道企业战略的实现，有赖于企业绩效管理系统的支撑，一个企业的绩效管理水平越高，则企业战略目标实现的可能性就越大，而当一个企业的绩效管理水平越低，则企业战略目标实现的可能性就越小。如何让战略规划与绩效管理系统形成有效对接，以"战略绩效"为主线，厘清企业管理系统之间的联动关系，通过明确公司战略，主要包括企业使命、远景与核心价值观，以及战略内外部环境等内容，明确公司战略目标主要是为下一步能够制定出对公司战略形成有效支撑的绩效管理体系，牵引公司的各项经营活动始终围绕着战略来展开，从而建立以绩效战略为中心的组织。

（2）确定方法。实践中应用的战略性绩效体系主要有两个：

第一，关键绩效指标，又称 KPI（Key Performance Indicator），是通过对组织内部流程的输入端、输出端的关键参数进行设置、取样、计算、分析，衡量流程绩效的一种目标式量化管理指标，是把企业的战略目标分解为可操作的工作目标的工具，是企业绩效管理的基础。KPI 可以使部门主管明确部门的主要责任，并以此为基础，明确部门人员的业绩衡量指标，建立明确的切实可行的 KPI 体系，是做好绩效管理的关键。

第二，平衡计分卡，又称 BSC（Balanced Score Card），BSC 既强调了绩效管理与企业战略之间的紧密关系，又提出了一套具体的指标框架体系，包括：学习与成长、内部管理、客户价值、财务。学习与成长关注员工素质提升、企业长期生命力和可持续发展，是提高企业内部战略管理的素质与能力的基础，企业通过自身管理能力的提高为客户创造更大的价值，客户的满意导致企业良好的财务效益。科学的 BSC 不仅仅是重要绩效指标和重要战略驱动要素的集合，也是一系列具有因果联系的目标和方法，体现了企业战略目标与短期绩效目标的整合。BSC 不但具有很强的可操作性，同时又通过对这四个方面内在关系的描述，来体现企业发展和当前状况的契合。在绩效管理中，财务性指标是结果性指标，而非财务性指标是决定结果性指标的驱动指标，BSC 既强调指标的确定必须包含财务性和非财务性，也强调对非财务性指标的管理。

（3）设计流程。建立人力资源战略绩效体系，必须设计战略导向的绩效管理流程，此流程主要包括根据战略规划及经营计划，明确制定关键绩效指标和目标，绩效计划的制订与执行，过程监控与绩效评估，奖励与绩效改进等步骤，它从组织上涵盖企业级、部门级和流程级三个层面，从流程上涉及战略指导下的 PDCA（计划、执行、评估和改进）循环四个周而复始的阶段，按照平衡计分卡模式从财务、客户、流程和员工四个层面上定义关键绩效指标和目标。

第一，分解企业战略目标。分析并建立各子目标与主要业务流程的联系，企业的总体战略目标在通常情况下均可以分解为几项主要的支持性子目标，而这些支持性的更为具体的子目标本身需要企业的某些主要业务流程的支持才能在一定程度上达成。

第二，确定业务流程目标。在确认对各战略子目标的支持性业务流程后，需要进一步确认各业务流程在支持战略子目标达成的前提下流程本身的总目标，并运用九宫图的方式进一步确认流程总目标在不同维度上的详细分解内容。

第三，确认各业务流程与各职能部门的联系。本环节通过九宫图的方式建立流程与工作职能之间的关联，从而在更微观的部门层面建立流程、职能与指标之间的关联，为企业总体战略目标和部门绩效指标建立联系。

第四，部门级KPI指标的提取。在本环节中要将从通过上述环节建立起来的流程重点、部门职责之间的联系中提取部门级的KPI指标。

第五，目标、流程、职能、职位的统一。根据部门KPI、业务流程以及确定的各职位职责，建立企业目标、流程、职能与职位的统一。

（4）检查结果。绩效考核实施过程中，除了按流程的效率进行监控以外，还要检查评估结果。监控与绩效评估是根据绩效目标对各部门和流程的实际绩效表现进行衡量和考核，及时了解企业内部的运行情况、发现存在的问题与差距，这对持续地提升绩效水平是必要的。在监控和评估过程中，通常应用预警或例外报告、主要业绩指标趋势图、原因分析及行动计划等分析工具，以及述职会议、绩效面谈、绩效报告等管理沟通形式。

（5）分析改善。在人力资源战略绩效体系中，奖励与绩效改善是企业绩效管理流程的最后一个环节，通过奖励环节的设立和运行，绩效管理流程鼓励企业内部的正确行为、激励企业员工为达到企业目标而共同努力，同时，通过绩效改进环节的设立和运行，管理层能够及时、持续地发现战略、经营及其绩效项目的偏差，然后根据偏差原因采取适当的纠偏措施，以推动企业的整体进步。

一个企业的人力资源管理必然会涉及组织效率与经营效益两个绩效结果，这两个绩效结果是否与企业战略同步，是人力资源战略绩效管理的范畴，即组织能够实现目标所进行和采取的一系列有计划、具有战略意义的人力资源部署和管理行为，其最大特征为将人力资源管理与战略目标相结合，以组织战略目标为出发点，系统地设计和实施人力资源开发和管理活动，使之能够配合企业整体竞争策略，增强企业竞争力，进而完成企业整体战略目标。换言之，人力资源战略绩效管理在组织管理中产生影响时，最终还是要通过组织的人力资源政策来实现，只不过在制定人力资源政策时考虑了组织的战略目标而已。

04 部门绩效考核指标确认

人力资源战略绩效体系，是企业战略体系的延续和分解，是由组织到团队再到个人绩效的纽带，战略绩效目标需要从上到下关联，形成闭环，不留死角，这样才能保证所有指标有效落地实施。以下就某企业战略绩效体系举例分析：

某企业实行经理负责制，下设五个部门：市场营销部、生产部、技术部、采购部、人力资源部。那么，应该对这五个部门按照"多、快、好、省"原则，将指标分解为数量指标、效率指标、质量指标、成本指标等具体的考核指标。

1. 市场营销部

（1）数量指标：销售额达成率、净利润率、新产品销售达成率、新客户开发完成率等；

（2）效率指标：订单准交率、市场占有率、客户增长率、应收账款回收率等；

（3）质量指标：客户投诉次数、客户流失率、客户满意度等；

（4）成本指标：销售费用控管率、客户退货率等。

2. 生产部

（1）数量指标：产量完成率、人均产值达成率等；

（2）效率指标：计划达成率、设备稼动率、交货及时率等；

（3）质量指标：产品合格率、客户验货通过率、入库准确率、账物卡相符率等；

（4）成本指标：产品损耗率、生产成本降低率、半成品周转率等。

3. 技术部

（1）数量指标：新产品开发数量完成率、专利指标达成率等；

（2）效率指标：样品提供及时率、新产品开发周期达成率等；

（3）质量指标：开发成果转换率、样品合格率、技术资料准确率等；

（4）成本指标：研发材料损耗率、研发费用控制率等。

4. 采购部

（1）数量指标：采购数量达成率等；

（2）效率指标：采购及时率、供应商增长率、材料周转率等；

（3）质量指标：来料合格率、供应商流失率等；

（4）成本指标：采购成本降低率等。

5. 人力资源部

（1）数量指标：招聘计划达成率、培训计划达成率等；

（2）效率指标：人工效率、新员工转正率、任职资格达标率、员工晋升率等；

（3）质量指标：员工流失率、员工满意率、员工安全事故次数、劳动纠纷发生率等；

（4）成本指标：招聘成本增长率、人工成本降低率等。

那是不是所有的这些指标都是战略指标呢？当然不是，下面我们为这五个部门经理提炼关键 KPI 考核指标（一般管理岗位核心考核指标为 5 个左右），如表 4-2 所示：

表 4-2　各部门经理提炼关键 KPI 考核指标表

部门	市场营销部	生产部	技术部	采购部	人力资源部
关键指标	销售额达成率	产量完成率	新产品开发完成率	采购达成率	招聘达成率
	利润率	人均产值达成率	样品提供及时率	采购及时率	培训达成率
	应收账款回收率	交货及时率	样品合格率	供应商增长率	人工效率
	客户满意度	产品合格率	专利指标达成率	来料合格率	员工满意度
	销售费用控管率	生产成本降低率	研发费用控制率	采购成本降低率	人工成本降低率

按照以上绩效指标考核体系，对该公司各部门进行绩效考核，以此获得该公司各部门的指标完成情况，再将以上指标按各部门各岗位职责权重进行划分，然后针对考核结果进行总结，并按照拟定的绩效考核制度进行公正的奖惩，所以人力资源战略绩效体系保证企业在公开、公平、公正的竞争条件下实现企业战略落地。

05 老 HRD 的经验分享

人力资源部门在提炼指标和设定目标时，一定要有一个规范的制度和流程，界定指标来源及目标时限，确保指标上下关键和目标相对合理，这样就有必要建立一套完整的规章制度来形成体系。以下就是一个企业的绩效考核规章制度：

《××公司绩效考核制度》

1. 目的

通过对员工定期的工作成绩、工作能力的考核，把握每一位员工的实际工作状况，为教育培训、工作调动以及提薪、晋升、奖励表彰等提供客观可靠的依据。通过这些评价可促使员工有计划地改进工作，以保证公司营运与发展的要求。

2. 原则

2.1 公开性原则：考核应让被考核者了解考核流程、方法、标准和结果，提高透明度。

2.2 公平性原则：考核应客观、公平地考察和评价被考核人员，对于同一岗位的员工使用相同的考核标准。

2.3 公正性原则：考核应本着实事求是的态度，以事实为依据进行评价与考核，避免主观臆断和个人主观情绪因素的影响，尽量做到"用数据说话，用事实说话"。

2.4 严格性原则：考核不严格，就会流于形式，形同虚设。要有明确的考核标准、严肃认真的考核态度、严格的考核制度和考核程序及方法。

2.5　正激励原则：考核的目的在于促进组织和员工的共同发展与成长，而不是单纯的奖罚。

2.6　双向沟通原则：绩效指标的制订要做到上下沟通，考评的结果一定要反馈给被考评者本人，并同时与被考评者进行绩效沟通面谈，肯定其成绩和进步，指出不足之处，提出今后改进的方向和要求等。

3.适用范围

在公司已转正的正式员工。

4.名词解释

4.1　部门 KPI——指部门关键绩效指标，即用来衡量某一部门工作绩效表现的具体量化指标，是对部门工作完成效果的最直接衡量方式，反映部门最能有效影响企业价值创造的关键驱动因素。部门 KPI 指标来自企业总体战略目标和经营目标的分解、部门职能和公司重大决策等。

4.2　岗位 KPI——指员工个人关键绩效指标，即用来衡量某岗位员工工作绩效表现的具体量化指标，是对本岗位员工工作行为和工作完成效果的最直接衡量方式，反映其最能有效影响部门或公司价值创造的关键驱动因素。员工岗位 KPI 来自部门对绩效指标的承接或分解，及个人应该承担的岗位职责。

5.考核种类

5.1　试用考核：考核依本公司人事管理规定任聘的人员，均应试用 3 个月。试用 3 个月后应参加试用人员考核，由试用部门主管考核，如试用部门主管认为有必要缩短、延长试用时间或改派他部门试用或解雇，应附试用考核表，注明具体事实情节，呈报部门总监核准，延长试用，不得超过 3 个月。考核人员应督导被考核人提供试用期间心得报告。

5.2　月度考核：人力资源部总体规划月度考核标准，各部门主管对于所属员工工作职责的关键指标每月进行考核，评价其工作绩效，根据考核管理办法绩效计算公式及本人当月绩效完成情况，测算其当月绩效工资，做好面谈沟通，促进其改善，提升团队绩效，从而使组织绩效得到提高。

5.3　年终考核：员工于每年 12 月底举行总考核 1 次，考核标准由人力资源部统一规划，各部门主管根据考核项目，对本部门人员进行考评，所得成绩，根据当年考勤记录，计算出当年度绩效工资。

6. 考核时限

（自 1 月 1 日始至 12 月 31 日止。）

7. 考核职责

7.1 考核委员会

考核委员会是公司绩效考核工作的领导机构，负责公司绩效考核的总体部署和管理，主要成员由公司副总级管理人员组成，其职能有：

（1）负责公司绩效考核管理体系的顶层设计；

（2）负责绩效考评的总体管理，以及评估各部门绩效考核指标的审核；

（3）负责对各子公司绩效考核管理体系运行的总体监控；

（4）负责对公司中高级（部门经理以上）人员的总体评估；

（5）负责对考核申诉及考核结果运用进行总体审定。

7.2 人力资源部

人力资源部是公司绩效考核工作的建设和推动部门，在考核委员会领导下工作，负责组织、推进、协调和支持各部门开展绩效考核工作，其职能有：

（1）负责绩效考核管理体系的建立、修订和推动执行，负责绩效会议的组织、安排工作；

（2）负责根据考核委员会的意见做好有关绩效指标或指标标准的制订和修订工作；

（3）负责绩效考核知识及相关操作技术、工具的培训工作；

（4）负责绩效考核数据、资料的总体汇总与保管工作；

（5）负责受理、调研、处理和反馈员工绩效考核申诉和异议；

（6）负责对公司绩效考核结果或绩效考核情况的汇总与分析工作。

7.3 部门负责人

部门负责人作为各部门绩效考核的第一责任人和管理者，根据公司绩效考核政策，实施本部门和本部门员工的考核工作，其职能有：

（1）负责根据公司经营目标和绩效考核政策，制订并提出本部门的绩效考核指标；

（2）负责本部门各岗位绩效考核指标、权重、计算公式与绩效管理部门的确认；

（3）负责将确认后的指标、权重、计算公式等，分解、落实到各岗位员工；

（4）负责对本部门绩效结果进行分析，对未达标指标进行改善；

（5）根据绩效结果，对员工进行面谈。

8. 绩效考核

8.1　部门考核：

8.1.1　由公司考评委组织各部门根据公司下半年度经营目标和计划，制订各部门关键绩效考核指标，同时指定数据提供部门和数据审核部门，并形成《部门KPI考核表》，经考评委审批后生效。

8.1.2　部门KPI总分值为100分，各指标所占分值（权重）根据该项指标重要程度而设定。每个KPI的权重，最大的一般不超过40%，最小的一般不低于5%。若KPI数目太少或某个KPI权重过大，容易导致只抓一点，而忽略其他；若KPI数目太多或某个KPI权重过小，则容易分散重心。指标数量依据实际情况而定，一般以5-8项为宜，各项指标权重一般是5%的倍数，以方便计算。

8.1.3　部门KPI一经确定考核期内将不得更改。如果出现公司在考核期内经营计划、阶段性目标有重大修正，部门考核指标及其权重经分管领导审定，填写《部门／个人KPI修正表》，考核委员会同意后进行修正。

8.1.4　如在考核过程当中，有新单位或部门建立并需要考核的，需在其成立后的一个月内上报当年的计划和考核指标，否则该单位或部门考核分取所有参加考核部门的最低分；特殊情况经考评委同意，可免除当年考核。

8.1.5　考核委员会召开考核会议，对各考核单位的考核结果进行审议，同时接受被考核部门的解释与说明，对考核中出现的问题予以决策。

8.2　员工考核

8.2.1　高层管理人员（副总监级以上人员）：此部分人员的月度考核包括所分管体系或部门月度考核KPI、半年度述职、年度综合评议三方面。其考核由考核委员会负责，人力资源部组织数据的收集、述职会与民主评议会，考核成绩汇总形成《考核成绩汇总表》、经考核委员会审核后，报总经理或董事长审批，并将考核结果反馈给相关考核人及被考核人，同时报人力资源部备案。

8.2.2　中层管理人员（部门经理级人员）：此部分人员的月度考核包括所

分管部门月度考核 KPI，其考核由考核委员会负责，人力资源部组织数据的收集，考核成绩汇总形成《考核成绩汇总表》、经考核委员会审批后，并将考核结果反馈给相关考核人及被考核人，同时报人力资源部备案。

8.2.3　基层员工（计时人员）：此部分人员的月度考核指标 KPI，其考核由人力资源部负责，人力资源部组织数据的收集，考核成绩汇总形成《考核成绩汇总表》，经人力资源部审核，被考核部门最高主管审批后，并将考核结果反馈给相关考核人及被考核人，同时报人力资源部备案。

8.3　考核数据管理

8.3.1　考核数据的收集：各部门在规定时间内收集本部门考核数据，并对数据进行分析汇总，确认数据的真实性，经相关责任人签字后，提交本部门考核数据。

8.3.2　考核数据的审计：人力资源部收齐考核数据后，按规定交由绩效委员会审计人员对考核数据进行审计，确保考核数据的真实性。

9. 绩效反馈与沟通

9.1　考核期结束，考核者应及时与被考核者进行绩效面谈与沟通，绩效沟通主要由直接主管或部门负责人组织进行。沟通的主要内容应包括但不限于：总结绩效指标达成情况，肯定前期工作成绩，指出工作或能力的明显不足或缺失，明确下一阶段工作目标、重点努力方向和改进方法。

9.2　绩效沟通可以是当面交流，也可以是会议、电话或电子邮件交流，既可以单独交流，也可以集中交流，并填写绩效沟通面谈表，经双方签字确认后，存入绩效考核档案备案。

9.3　考核结束后，被考核者如对考核结果存有异议，可在考核申诉期内进行绩效申诉，申诉时申诉人需填写《绩效考核申诉表》，说明绩效申诉事项及原因，并举证相关的绩效数据。

9.4　被考核者进行申诉，应首先向直接上级反馈并通过沟通方式解决；无法达成一致的，部门或员工有权向上一级领导或分管领导申诉；如果被考核者对上一级领导或分管领导考核结果仍有异议，应在接到考核结果的 3 个工作日内向人力资源部提出书面申诉，并附相关说明材料。人力资源部将申诉材料汇总后进行调查、协调和跟踪，并将调查结果和处理意见上报考评委批复。人力资源部在7个工作日内，向提起申诉的部门或员工个人答复最终结果。最终结果一经确定，不再更改。

10. 绩效档案管理

10.1　绩效考核指标、表单由人力资源部编号建档管理，指标增加、减少要及时修正、公示。

10.2　绩效考核成绩经审批后，人力资源部汇总整理存档。原则上本部门负责人只能查阅本部门的历史表单、考核成绩，跨部门查阅须报人力资源部经理审批，原始表单不得借出。

H**小贴士**
uman Resources　企业组织绩效从良好的人力资源管理实践中来，无论是组织产出、财务产出还是市场产出，最终都依赖于企业的人力资源管理实践。

第 **5** 章
全员参与，分层关联分级考核

.

　　一个企业要实施绩效考核，若想成功，除了企业董事长的强力支持外，还要有各级管理者的全力配合，共同推动，实施全员绩效考核，需要梳理和构建清晰的业务流程和管理流程，使企业的各项工作和任务衔接畅通，需要明确界定企业组织架构、部门职责和岗位职责，使每个岗位清楚地明白自己的任务和使命，需要同企业战略进行紧密的联系，让考核指标真的能够完全支撑其企业战略的需要和要求。全员绩效考核并不仅仅是人力资源部门的事情，其实全员绩效考核的主体是所有的部门和员工自己，所以进行全员绩效考核时需要调动员工积极参与到绩效考核中来，人力资源部应该是进行过程的引导和具体的考核工具的提供，整个过程中扮演好"教导员"及"参谋"的角色。

01 绩效考核与各职级关联

　　组织绩效（Organizational Performance）是指一个企业或某一部门在某一时期内组织任务完成的数量、质量、效率及财务情况。

　　组织绩效实现应在个人绩效实现的基础上，但是个人绩效的实现并不一定能保证组织是有绩效的，如果组织的绩效按一定的逻辑关系被层层分解到每一个工作岗位以及每一个人的时候，只要每一个人达成了组织的要求，组织的绩效就实现了。

1. 战略人力资源管理与组织绩效

　　战略人力资源管理是组织为了达到目标，系统地将人与组织联系起来的、统一性和适应性相结合的人力资源管理。战略人力资源管理的出现为证明人力资源对于企业的价值提供了一个崭新的视角，大量研究证明，战略人力资源管理与组织绩效具有相关性，战略人力资源管理强调人力资源管理应与企业的战略相匹配，企业通过人力资源管理来形成以优势资源为核心的经营战略，增进企业绩效。

南京大学商学院院长赵曙明认为，战略人力资源管理通过培育符合组织战略要求的员工能力，倡导与组织目标一致的员工行为，最终实现组织绩效。后期学者开始从组织层面进行探讨，认为和传统的人力资源管理仅考虑员工个人的技能与知识不同，战略人力资源管理已经上升到了组织层面，增强了企业包括人力资本在内的智力资本（见图 5-1）。

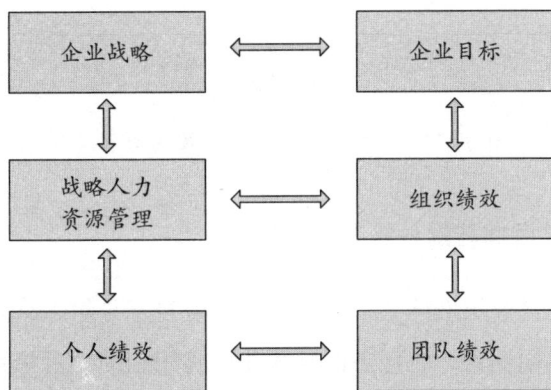

图 5-1　战略人力资源管理与组织绩效的关系

从图 5-1 中可以看出，与企业的战略相匹配，人力资源管理使企业的智力资本的变化变得容易，在智力资本驱动下，企业能力经历不断地整合、重组、扬弃，呈现出一种动态性，这能使企业与竞争对手相比更具有竞争力。

首先，人力资源管理应与企业战略相匹配。人力资源对企业战略的形成和实施具有重要的意义。企业战略与人力资源管理之间是相互依存、相互作用的，企业要根据环境的变化与自身的状况，建立适合本企业特色的人力资源管理系统。其次，人力资源管理系统内部各项政策也要协调形成一个整体，战略人力资源管理要有效地在组织管理中发挥作用，必须借助于组织一系列的人力资源政策。战略人力资源管理包括规划、选拔、薪酬、激励、沟通与开发等政策，企业应根据其战略和人力资源的现状，分析人力资源的供给与需求状况以及任职者的资格，将符合要求的人配置在相应的岗位上。

人力资源的角色定义，不仅仅提供传统意义上的人力资源支持，而且是以组织战略和绩效为核心，提高员工竞争力和能力，提升组织价值（见图 5-2）。

图 5-2　人力资源与组织绩效的角色定位

2. 组织绩效目标与副总级考核指标

在组织绩效目标层次体系中，最高的绩效目标是组织绩效目标，组织绩效目标是组织共同愿景、总任务的具体化。将组织绩效目标具体化成更多的具体绩效目标，由高层管理人员各自承担负责，然后将这些绩效目标再具体化成下属各部门或子公司的团队绩效目标，最终绩效目标被具体化成组织每个员工的个人绩效目标，从而形成一个绩效目标层次体系。具体参见图 5-3。

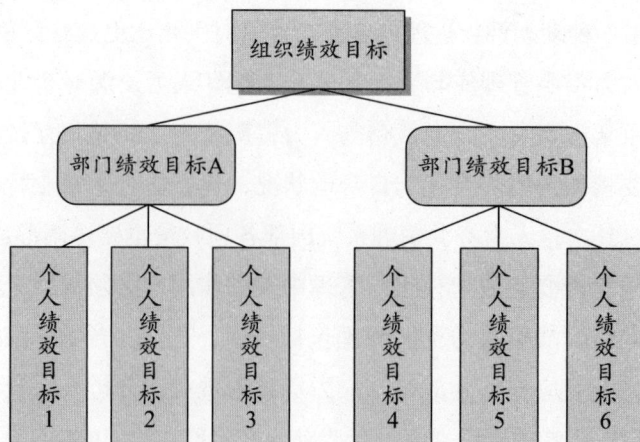

图 5-3　组织绩效目标、组织绩效目标和个人绩效目标的关系

（1）组织绩效目标的含义与作用：组织绩效目标是指组织期望在未来要达到的一种状态和结果。这种状态和结果通常是一系列数量指标，一旦绩效目标确定，它就成为引导组织行为的一个重要的激励方向。

（2）组织绩效目标的重要性：明确的绩效目标要比只要求人们尽力去做会有更高的业绩，而且高水平的业绩是和高水平的意向相关联的。一些研究者注意到，如果组织的绩效目标设定方面发生改善，组织的生产效率就会不断提高，绩效目标对组织成员的激励程度与其设立的科学性与合理性有密切关系，要使绩效目标起到强有力的激励作用，设定的绩效目标必须符合以下几点要求：

- 绩效目标要符合组织的共同愿景；
- 各部门的绩效目标应与组织和个人的绩效目标相互协调；
- 绩效目标的表述应明确清楚、简单易懂；
- 绩效目标最好是自己从工作职责中提炼出来的；
- 绩效目标必须是经过努力可以实现的；
- 绩效目标要易于考核评价；
- 绩效目标实现后应有相应的报酬配合。

绩效目标的层次性与组织的层次性有关，组织的层次一般可分为三个层次，即高层管理、中层管理和基层管理。不同层次的管理不仅要进行分工，而且还要确定其各自的绩效目标，只有这样才能保证组织绩效目标的实现。

（3）组织绩效目标与副总级绩效目标关联

副总级绩效目标，是指企业高层管理人员的绩效目标，包括总裁或总经理，公司组织架构中副总级别的管理者的绩效目标，还包括分公司或子公司的总经理或副总经理级的绩效目标，这些高管的绩效目标必须与组织绩效目标选择性的挂钩，确保每个组织绩效目标都能找到对应的高管绩效目标，表5-1是某公司组织绩效目标与副总级绩效目标关联表。

表 5-1　某公司组织绩效目标与副总级绩效目标关联表

| 序号 | 关联部门 / 关联人　KPI指标 | 总裁办 | | 财务中心 | | 制造中心 | | | 销售中心 | | | 技术中心 | | | 行政中心 | | 备注 |
		总裁 赵总	主任 钱主任	副总裁 刘总	财务总监 李总	副总裁 周总	制造总监 吴总	品质总监 郑总	副总裁 王总	内销总监 冯总	外销总监 陈总	副总裁 褚总	技术总监 卫总	总工 蒋总	副总裁 沈总	行政总监 韩总	
1	销售目标达成率	30%	20%	20%	20%	30%	30%	30%	40%	40%	40%	20%	20%	20%	20%	20%	
2	利润目标达成率	30%	15%	15%	15%	15%	15%	15%	25%	15%	15%	15%	15%	15%	15%	15%	
3	企业星级管理达标率	10%	20%	—	—	—	—	—	—	—	—	—	—	—	15%	15%	
4	客户满意度	10%	—	—	—	15%	—	15%	15%	15%	15%	—	10%	10%	—	—	
5	员工满意度	10%	15%	—	—	—	—	—	—	—	—	—	—	—	15%	15%	
6	按时交货率	—	10%	—	—	15%	15%	—	—	—	—	—	—	—	—	—	
7	产品合格率	—	—	—	—	15%	15%	20%	—	—	—	20%	20%	20%	—	—	
8	材料价格降低率	—	—	20%	—	—	—	—	—	—	—	10%	—	—	—	—	
9	综合成本控管率	—	—	20%	25%	—	—	—	—	—	—	15%	15%	15%	10%	10%	
10	财务预算准确率	—	—	15%	25%	—	—	—	—	—	—	—	—	—	—	—	
11	新客户开发完成率	—	—	—	—	—	—	—	10%	10%	10%	20%	20%	20%	—	—	
12	销售回款目标达成率	—	—	—	—	—	—	—	10%	10%	10%	—	—	—	—	—	
13	人均贡献值	10%	—	10%	10%	10%	10%	10%	—	10%	10%	—	—	—	10%	10%	
14	安全 0 事故	—	—	—	—	10%	10%	—	—	—	—	—	—	—	10%	15%	
15	员工流失率	—	10%	10%	10%	10%	10%	10%	10%	10%	10%	—	10%	—	15%	10%	

（4）组织绩效考核流程

表 5-2　组织绩效考核流程表

步骤	关键内容	关联部门	时间节点	操作重点
1	发文开始绩效目标设定	人力资源部	一般在年末（约 11 月）	制订本年度绩效考核计划，通知绩效考核相关事宜及要求
2	设置绩效目标	各考核指标归口管理部门	一般在年末（约 12 月）	新增指标或完善、修改原有指标等
3	汇总绩效目标	人力资源部	一般在年初（约 1 月）	制定绩效目标目录表并填写
4	审定绩效目标	绩效管理领导小组	一般在年初（约 1 月）	制定绩效目标审批权限
5	更新绩效指标库	人力资源部	要求在每年 12 月底完成	根据审定的 KPI 指标对指标库进行补充、更新
6	提出考核意见及建议	分管领导 / 被考核组织	要求在每年 12 月底完成	分管领导与被考核组织负责人进行沟通，就组织绩效合约的拟定提出各自的意见和建议
7	拟定绩效合约初稿	人力资源部 / 分管领导 / 被考核组织	要求在每年 1 月上旬完成	按要求设置绩效合约内容，明确考核目标值与权重等
8	审定绩效合约	绩效管理领导小组	要求在每年 2 月上旬完成	对绩效合约初稿进行审核，提出修改、完善意见
9	与被考核组织签订绩效合约	绩效管理领导小组 / 被考核组织	要求在每年 3 月上旬完成	签订合约仪式设计
10	绩效合约存档	人力资源部 / 被考核组织	要求在每年 4 月上旬完成	绩效合约一式两份，人力资源部与被考核组织各一份
11	发文开始组织绩效考核	人力资源部	要求在每年 5 月上旬完成	与员工绩效考核同步进行
12	对指标类内容进行评分	各考核指标归口管理部门	要求在每年 6 月上旬完成	根据各归口管理部门建立的考核数据台账对绩效合约中的指标类内容进行评分

步骤	关键内容	关联部门	时间节点	操作重点
13	对任务类与扣减类内容进行评分	分管领导	考核时	根据各组织任务完成情况对绩效合约中的任务类与扣减类内容进行评分
14	汇总组织绩效考核得分	人力资源部	要求在每年12月底完成	列表汇总各职级考核成绩
15	按比例确定各组织绩效考核结果	人力资源部	要求在每年12月底完成	根据文件5.5.1条规定确定各组织绩效考核结果等级
16	审定各组织绩效考核结果	绩效管理领导小组	要求在次年1月初完成	绩效审计计划表
17	反馈组织绩效考核结果	人力资源部	次年1月初	以文件形式或通过 EAS 向被考核组织反馈绩效考核结果
18	组织绩效考核结果存档及考核结果应用	人力资源部 /被考核组织	次年1月	将组织绩效考核结果应用于员工绩效考核，具体联动管理方式见文件规定

任何管理工具都不是十全十美的，绩效考核也是如此，无论采取多少技术手段、科学方法，最终的考核结果也无法达到百分之百的准确。因此，加强企业文化建设，强调团队精神与合作意识，从而形成良好的内部协作氛围，则能够对绩效考核体系起到必要的互补作用。

在绩效考核体系中，组织绩效考核指标要与部门绩效考核指标关联，组织绩效考核目标要分解到部门，成为部门绩效目标，层层分解，层层关联，使企业的战略目标能通过各部门绩效目标，再分解到员工。

3. 组织绩效与部门绩效

如果一家企业快速发展，人员规模逐渐扩大，则管理问题可能会越来越多，公司很多重要的工作职责有时可能会无人承担，最高领导可能会随意钦点配合度好的部门来承担，这种情况导致了一些问题，原先配合好的部门渐渐地不再配合，往往会抱怨这些职责不是自己应该承担的，职责履行的过程中一旦出现问题也很难追究责任。部门之间如果工作职责存在重叠，具体执行的过程中，要么都不执行，要么都执行，管理上会十分混乱，各部门的工作职责履行情况和工作质量也难以保证，出现问题时，各部门之间相互推诿，难以追究责任。解决这些问题要从源头开始，将组织绩效指标与部门绩效指标挂钩，层层分解，责任到部门，再分解到人，通过这种连带责任的考核，使一个人的绩效，变成一个团队的绩效，从而成为企业的绩效。

（1）组织绩效与部门绩效挂钩

在一个组织内，组织的良好绩效是全公司各个部门共同努力才得以实现的，每个部门的绩效都是构成组织绩效的一部分，部门除了尽力完成团队的绩效目标以外，还应该努力配合组织的工作，实现企业组织绩效总体的提升，部门的优秀只有转化为组织的优秀才能实现其最大价值。因此，企业在制定组织绩效考核政策时，对部门绩效考核结果的应用上应将其部门绩效成绩与组织绩效成绩进行适当的挂钩。一方面，能促进组织内部的团队协作意识，强化部门对企业的责任心和荣誉感；另一方面，也能保证组织绩效考核结果与部门绩效考核结果的一致性。在实际操作中，组织绩效与部门绩效有多种挂钩方式，各有其特点，按照挂钩强度可以分为直接挂钩、间接挂钩两种方式。

第一，组织绩效与部门绩效直接挂钩：这是最常见的一种绩效考核方式，一般小型企业的组织绩效与部门绩效完全一致，这种情况下，可以直接挂钩；另一种情况是才开始实施绩效考核的企业，由于目标还不明确，指标提炼困难，在这种情况下，可以将组织绩效与部门绩效合并考核；还有一种情况是企业目标清晰，部门指标分解也到位，各部门负责人非常认同挂钩，可以直接挂钩。

第二，组织绩效与部门绩效间接挂钩：所谓间接挂钩，是指将组织绩效直接与个人绩效挂钩，是哪个岗位负责的事情由哪个岗位解决，团队影响力减少，组织关联度不高，这种情况是指考核指标相对独立，有时效性，仅一个岗位就能做好，不需要其他岗位协助。

（2）如何提升部门绩效

部门绩效是指对部门关键绩效指标（KPI）达成状态的考核评价结果，考核重点在于指标完成程度，所以尽量用数据来表述工作业绩。

第一，管理者要管好部门绩效必须角色转换，就是管理者要当教练，而不要去当警察。好的管理者就是好教练。其实，管理者跟被管理者、领导者跟被领导者之间，不应该是完全对立的关系，如果仅仅是对立的关系，这个部门、这个团队肯定搞不好，我们倡导的是教练跟运动员之间的关系。

第二，部门管理者与员工之间减少冲突，增加认同感。员工做出业绩，能力得到提升，工作绩效上来了，管理者脸上也有荣光。所以，要减少冲突、增加认同感。虽然教练对运动员也很严格，但是运动员心里非常明白师父是为他好，师父希望他这样做，是希望他出成绩，他心里有这样的想法后，就不存在冲突关系了。但也有马俊云与弟子发生冲突的案例，我们倡导管理者与员工之间，也是这种一荣俱荣、一损俱损，紧密联合的利益共同体。

第三，管好部门绩效还要灌输数字概念。修"路"而不是修"人"，教练的辅导方式，不是简单地说："我认真，我负责"，然后就能出好的成绩，有的时候教练要动脑筋。有的时候，管理工具、带团队的方式也要与时俱进。过去企业里面，管理者不断地跟员工说：随手关灯关水、节约水电费，注意不要浪费。作为管理者，不断地要求员工要符合规范，但是老这样盯着，非常累，长明灯还是存在，长流水依然长流。这时候，有好事者就发明了一种感应灯，人来了，一说话，有声音灯就亮了，人走了，在一分钟之内没有声音，灯就自动关掉，这就是管理者所要反思的问题，而不是简单地管人。所以，我们在管理部门绩效时，要时刻反省自己的管理方法。

第四，管好部门绩效要聚焦绩效，多谈行为，少下结论。我们希望的结果是员工把事情做好，那么就事论事，有利于事情的解决，而如果画蛇添足，搞出什么结论，引火烧身，反而会把事情搞糟糕。比如，你说："小李，昨天大家都在加班打扫卫生，你却一个人溜了，你这个人真自私。"小李一听肯定不服气，跳起来跟你讲："贾经理，我怎么就自私了，我跟你相比？我还自私吗？今年雅安地震捐款的时候，我捐了 100 块钱，你才捐了 50 块钱，谁自私？"这个事情就搞不清楚了，为了能够把事情解决，我们建议只谈行为，不下结论。

第五，管好部门绩效要抓住关键。在绩效考核里面，有一个词叫"KPI 关键指标"，也就是涉及绩效的关键部位，关键点是我们要抓，你重视什么，就会得到什么，管理人员一定要明白，你希望员工做出什么样的行为，你一定去重视那个行为。有的时候可能会有偏差，如果你重视了一个你不该重视的东西，你的员工就会相应地做出反应，做出了那些你并不很重视的，不是很需要的行为，这是很麻烦的。

【案例分析】

一个企业的老板，发现下午 5 点钟，到了下班时间了，但是公司里面还有一些人在默默无闻地工作加班（没有报酬的加班）。老板很感动，说："我不能辜负这些人。"接下来，他就出台了一个政策："以后在公司加班的，凡是加班 5 点到 7 点的，每个人发 200 块钱加班费。到了 7 点以后，由于公司的班车没了，你可以打的回家，打的回家的费用由公司来承担。"这个政策出台以后，作为老板的出发点是好的，他心地善良，但是过了两个月，这个老板就发现，公司里加班的人越来越多，而公司的整体绩效并没有明显改善。这个老板就明白了，不应该重视加班、不加班这种形式，而应该重视他们每天所做的真正的绩效。如果员工的绩效做完了，他是不希望他们加班的。如果员工的绩效老是没做完，他加班继续完成他的绩效，而其他人早就完成了，就是这个人的能力有问题。

4. 部门绩效目标与经理级考核指标

经理级绩效目标，是指企业副总级直接下属经理级中层管理人员的绩效目标，包括部门经理或副经理，公司组织架构中经理级别管理者的绩效目标，还包括分公司或子公司的经理或副经理级的绩效目标，这些中层管理者的绩效目标必须与组织绩效目标选择性的挂钩，确保每个组织绩效目标都能找到对应的部门绩效目标，表 5-3 是组织绩效目标与经理级绩效目标关联表。

表 5-3 组织绩效目标与经理级绩效目标关联表

序号	KPI指标	人力资源部 经理 赵经理	行政部 经理 钱经理	财务部 经理 孙经理	生产部 经理 李经理	生产部 副经理 周经理	品管部 经理 吴经理	技术部 经理 郑经理	销售部 经理 王经理	供应部 经理 冯经理	备注
1	销售目标达成率	10%	10%	15%	10%	10%	20%	20%	35%	15%	
2	利润目标达成率	—	—	20%	10%	10%	15%	20%	15%	15%	
3	企业星级管理达标率	25%	25%	—	—	—	—	—	—	—	
4	客户满意度	—	—	—	—	—	25%	15%	20%	20%	
5	员工满意度	25%	25%	—	10%	10%	—	—	—	—	
6	按时交货率	—	—	—	25%	25%	10%	—	—	30%	
7	产品合格率	—	—	—	15%	15%	20%	25%	—	—	
8	财务预算准确率	—	—	25%	—	—	—	—	—	—	
9	新客户开发完成率	—	—	—	—	—	—	20%	15%	—	
10	销售回款目标达成率	—	—	—	—	—	—	—	15%	—	
11	人均贡献值	20%	10%	10%	10%	10%	—	—	—	—	
12	安全 0 事故	—	20%	—	10%	10%	—	—	—	20%	
13	员工流失率	20%	10%	—	10%	10%	10%	—	—	—	

02 个人绩效考核能力贡献

个人绩效考核是针对员工个人一个时期所进行的考核与评价，包括他人考评和自我考评，是对个体工作情况的反映。一般个人考核包括：工作业绩评估、工作能力评估两个方面，业绩评估主要是根据工作目标计划内容进行考核，能力评估主要针对人才培养、创新能力、发展潜能、执行能力、沟通协调组织能力等方面进行考核。

1. 部门绩效与个人绩效的几种挂钩方式

有些企业在确定个人绩效时，不是按照个人职责内容来提炼的，而是根据领导者对绩效考核的当下认知来确定的，往往所确定的指标与部门的绩效没能挂钩，并不是个人在这个岗位上的关键指标，个人绩效要不要跟部门绩效挂钩，主要依据职位来定，操作级别的员工可能与部门绩效指标挂钩很少或不挂钩，这里有三种情况。

（1）部门绩效与个人绩效直接挂钩：这是一种比较通用的挂钩方式，适用于计时员工或绩效工资所占比例较少，为强化绩效考核对个人薪酬激励或惩罚的力度，对部门经理的绩效管理水平要求较高。

（2）部门绩效与个人绩效间接挂钩：这种挂钩模式使部门绩效和个人绩效得到了较好的结合，又体现了正态分布的思想，对公司、对员工都相对较公平。

（3）部门绩效与个人绩效不挂钩：适用于仅对个人绩效结果负责，工作任务独立性强的职位，如生产操作工人及以个人技能专长工作内容的人员，其个人考核指标完全可以量化。

不同的企业有各自的运作特点，特定的绩效文化，选择不同的绩效挂钩方式，但总会有不同的优缺点，各企业应选择符合自身运作特点、薪酬模式和绩效文化的绩效考核模式。

2. 部门绩效与个人绩效的几种关系

（1）部门绩效与对个人绩效"总和与分解"的关系

部门绩效考核指标是企业年度组织绩效总体目标的数字化体现，是全部绩效指标体系的基础，它对部门绩效、个人绩效指标的科学制定具有决定性的影响。只有以组织绩效考核指标为总揽，才能分解到部门绩效目标。所以必须把握以下原则：一是逐级分解原则，对应组织绩效考核指标这张总表，各个部门则需制定分表，而对个人的考核指标就是部门分表的分表。总表指标对分表指标具有控制（定量）和导向（定性）作用，总表指标与分表指标在可量化的部分具有累计总和关系。二是职责主导原则，绩效考核的主体是企业规划分管绩效考核的部门，应根据组织战略目标分解确立各部门指标，结合实际分级别、分层次、分类别设定指标，在认真评估、征求意见的基础上合理确定指标权重，使指标体系具有科学性。三是以人为本原则，在指标内容上既要看实绩，也应涵盖德行，有利于扩大绩效考核维度，使绩效管理更具适用性。四是考核量化原则，绩效考核不是模糊考核，只有通过一系列量化指标评分才能更准确地体现一个部门和某个人的绩效成果。指标体系中涉及定性的部分可以在合理确定分值后，通过扣罚制来落实考评，对工作相互关联交叉、共同承担的问题，设置责任权重和工作量系数解决。

（2）部门绩效与对个人绩效"主导与辅助"的关系

可根据企业绩效考核方案，对部门绩效进行考核，部门负责对个人的考核。部门负责人对个人的考核具有主导性。如果指标体系是系统自上而下形成的，那么在考核的时间上两者有必要同步，部门对个人的考核周期频率也可以更高一些，通过将对个人的考核与对部门的考核紧密衔接，有助于将责任直指到人，实时强化绩效管理过程控制，避免考核与管理相互脱节。

（3）部门绩效与对个人绩效"繁杂与简单"的关系

相对于对部门考核的指标数量，部门对个人考核的部分会更为繁杂，但就组织绩效考核所要实现的战略目的而言，部门的考核地位相对重要一些。在对个人的考核方式上应注意三点：一是实行部门经理硬指标考核制度，可以把企业对部门的考评成绩直接作为部门经理个人的绩效考核结果。二是科学评估考核指标的合理性、关联性，与绩效考核委员会充分沟通，解决考核过程中的分歧。三是量化考核与定性考核相结合，全面衡量部门负责人履行职责、完成任务、能力素质的总体情况，有的部门量化指标完成率很好，但客户满意度却很低，协作意识、服务意识很差，将工作实绩和评人的德才素质结合起来，增强考核的科学性。

（4）部门绩效与对个人绩效"源头与支流"的关系

组织绩效考核到部门是"源头"，部门绩效考核到个人则是"支流"。在绩效考核过程中，应该对任务执行流向、进程、状态有全面的掌握，并随时做出调整、控制和纠偏。绩效考核委员会应牵头整合相关部门，开展绩效审计，实施日常考核动态评估，就考核中发现的各类情况进行研究分析，保证考核成绩的真实性。

（5）部门绩效与对个人绩效"奖钱和用人"的关系

在绩效考核结果的运用方式上，对部门考核可以强调对被考核部门负责人的物质、精神奖励，对个人的考核结果则主要侧重于选拔任用，对个人的考核应以选拔优秀干部作为考核的根本出发点和落脚点，坚持阳光操作，把考核过程、实绩依据等考核信息及时向员工公布，对绩效成绩差的个人要进行面谈，做好面谈记录，跟进面谈人工作改进情况，保证绩效考核促进个人成长。

03 ｜ 按责任中心分层级考核

绩效考核工作的推动要兼顾企业整体战略，要达到全员考核的目的，还要发挥管理者的积极性，得到中高层管理人员的支持，所以绩效考核还要按责任中心分层进行考核，确保企业战略的实施能有具体负责人来执行。

有些企业的组织架构就是以责任中心来设定的，这是一种分级管理、分级核算、自负盈亏的分权制组织形式，在推动这些企业的绩效考核工作时，就是要在众多指标中，提炼出共性的、具有可比性的指标，对不同层级的考核对象进行考核，通过建立分层级考核体系来推动和完善。

1. 分层级考核激励体系

前面所讲的组织绩效、部门绩效和个人绩效是指指标的分解，考核的关联性，这里所说的分层级考核体系，则是指职级的关联性，已分解指标在考核过程中，与职级权重的变化，有些指标可能职级越高，权重越大，如利润率，销售总监的权重与销售经理、业务员的权重都要大，因为定价权在销售总监手中；有些指标可能职位越高，权重越小，如销售目标达成率，业务员的权重就要比销售经理或销售总监的权重大，因为市场的开拓的责任都在一线业务员身上。具体来讲，按职级细分为三个层级：

（1）第一层级是公司总经理级的考核激励

步骤一，建立关键绩效考核指标：建立关键绩效考核指标要遵循 SMART 原则，也就是绩效指标应该是明确具体的、可度量的、可实现的、切实可行的和有时限的。

步骤二，引入可以直接反应利润的"增加值"：增加值 = 主营业务收入 – 主营业务成本 + 主营业务成本中已列支的工资收入及工资附加。

通过这种方式，引导总经理级管理者通过自身不断努力，增加收入，降低成本，从而提高增加值，提高员工收入，并进一步促进员工努力工作。

（2）第二层级是对总经理级以下管理者的考核激励

总经理级以下管理者的经营管理工作，对所在部门的管理绩效起着决定性的作用，因此，应将其单独作为一个层级进行考核，并与部门经营成果直接挂钩，同时，保持与下属员工收入水平有合理的差距，其具体步骤如下：

步骤一，确定年薪基数：部门经理级管理者的年薪可分为基础年薪和绩效年薪。

步骤二，确定绩效考核系数：部门管理者对本部门绩效负总责，因此绩效年薪以部门绩效考核指标的完成情况为依据。

（3）第三层级是部门经理级管理者对下属员工的考核激励

最了解员工业绩的当属员工的直接经理，员工的绩效考核主要由其直接经理来实施，总经理级进行总体调控。

2. 分层级考核指标关联

分层级考核关联是指总监级、部门经理级及员工个人就某些关键考核目标按权重不同进行考核，形成"考核共同体"，如表 5-4 所示。

表 5-4　某部门总监级、经理级以及员工级绩效目标关联表

序号	关联部门 关联人 KPI 指标	生产部			销售部			备注
		总监	经理	员工	总监	经理	员工	
		赵总	钱经理	孙一	李总	周经理	吴二	
1	销售目标达成率	20%	15%	10%	30%	35%	15%	
2	利润目标达成率	20%	15%	10%	20%	20%	15%	
3	客户满意度	—	—	—	20%	15%	20%	
4	按时交货率	30%	35%	40%	15%	15%	30%	
5	产品合格率	30%	35%	40%	15%	15%	30%	

我们所说的"考核共同体"在表中可以发现，相同部门不同职级权重的变化是因职责影响目标结果而定，表中权重的多少并非固定不变，可根据指标完成情况调整权重，也可根据企业管理中的实际需要调整权重，这种分层级考核指标的关联是很多企业在推行绩效考核时最常见的方法，也是分层级考核体系中最能引导被考核者改善工作业绩的考核方法之一。

04 | 按工作流程分层级考核

在一些公司中我们会发现这样的问题，不同的部门之间进行业务交叉，人员混用，领导用人的时候，随手就叫来一位，而员工也就随叫随到，即便这个事情他不会做或者做不好，也不提反对意见或者建议，是自己的工作不一定能完成，不是自己的工作却积极参与。分工不够明确，而员工工作的完成情况又缺乏相应的考核机制，员工积极性受到影响，以至于有的员工出工不出力，领导也无法了解员工真正的工作情况和工作能力，任何一个发展中的企业都会存在问题，有问题才会有改正，有改正才会有发展。

流程决定绩效，流程管理和改进的关键是确定目标和战略，在此基础上，开发一系列的指标，确保流程按既定方式运作，并与企业一些关键指标挂钩，这样，从流程到绩效，再由绩效反馈到流程，形成一个封闭的管理圈，因为每个公司总有现行的流程，不大可能推倒重来，要通过不断微调来优化。

1. 工作流程与绩效指标

企业的流程按其功能可以区分为业务流程和管理流程两大类别，业务流程是指以面向顾客直接产生价值增值的流程，流程管理本身要从顶层流程架构设计开始，形成端到端层级化的流程体系。管理流程是指为了控制风险、降低成本、提高服务质量、提高工作效率、提高对市场的反应速度，最终提高顾客满意度和企业市场竞争能力，并达到利润最大化和提高经营效益目的的流程。

（1）业务流程考核指标：这里仅讲两个流程来看看指标的关联。第一，国内业务流程考核指标包括销售目标完成率、利润目标完成率、回款完成率、客户拜访完成率、客户满意度、新客户开发数、新产品销售额等；第二，国外业务流程考核指标包括销售目标完成率、利润目标完成率、回款完成率、客户拜访完成率、客户满意度、新客户开发数、新产品销售额等，这些指标是业务类考核的关键指标，具有高度的相同性，只是市场不同而已。

（2）管理流程考核指标：这里也讲两个流程来看看指标的关联。第一，生产流程中考核指标包括订单准交率、产品合格率、产品损耗率、产能达成率、打样及时率、来料合格率等；第二，储运流程中考核指标包括入库准确率、入库及时率、账物卡相符率、发货准确率、发货及时率等，这些指标是企业仓库管理中的关键指标，与生产流程中的指标具有相通性。

2. 流程指标分层级考核应用

组织中最重要的部分是人员的工作方式以及构成他们每日操作的工作流程，人是业务流程的驱动者，组织中的每一个人都会在业务流程中充当一个角色，通过良好的业务流程，每一个人都会有自己清晰的职责，要求具有良好的沟通协作意识和团队意识，明确自己在一个个业务流程中所担当的角色。

业务流程是有层次性的，这种层次体现在由上至下、由整体到部分、由宏观到微观、由抽象到具体的逻辑关系，这样一个层次关系符合人们的思维习惯，有利于企业管理模型的建立。

（1）流程指标与组织绩效、部门绩效和个人绩效的关联

任何流程指标的宗旨都在于可靠地产出一个或多个输出项，因此在制定那些衡量指标时，首先应关注流程的结果，而不是流程中的活动，以订单执行流程为例，其输出项不仅仅是产品，还包括败单、订单记录和客户信息，所以我们在选择流程指标时，首先应当海选与流程相关的指标，然后再根据这些指标与个人绩效的关联性，决定考核项与权重。

流程绩效指标是企业指标体系中的一个部分，它的作用，在流程管理方面，主要是执行的结果来评价流程本身的好坏，以便于对流程进行评估和改进，另外就是应用于企业的组织绩效、部门绩效，最终应用于人员绩效考核，并且流程绩效指标作为最终结果指标，应该在考核中占有相对应的权重。

（2）流程指标与各层级管理者指标挂钩

一个企业在运营过程中，不管是业务流程，还是管理流程，其核心流程都应当是企业战略流程的延伸，所以各层级管理者在企业整个战略流程中所扮演的角色与定位是根据工作职责来定的，有多大的权限，就应负多大的责任，可以从以下权限表设定各层管理者的流程指标的考核权重，如表 5-5 所示。

表 5-5　权限表设定与各层管理者的流程指标的考核权重

项　目	经理	副总	总经理	董事长	备注
确定公司整体发展战略规划			提报	审批	
公司整体年度计划、目标的确定		提报	审核	审批	
职能部门年度计划、目标的确定	提报	审核	审批		
各部门业绩考核	提报	审批			

从上表中可以看出，具有审批权的职位在管理流程中，我们在设计绩效考核权重时应高于其他职位，因为左右考核指标达成的影响力比其他职位要大，这样显示绩效考核的公平性、合理性。

05 老 HRD 典型案例分析

某电子商务公司运营一年后，经过全体股东讨论，决定在企业内部推行全员绩效考核，以此促进企业内部管理，提高全体员工的积极性，提升盈利能力，为此引进咨询管理顾问，开始推行企业绩效考核。

（1）提炼组织绩效指标与总经理挂钩

指标：销售目标完成率、净利润率、店辅动态评分、询单付款转化率

权重：35%　　　　30%　　　　20%　　　　15%

（2）分解组织绩效指标与部门经理挂钩

指标：店辅动态评分、询单付款转化率、客单价、客服好评率

权重：30%　　　　25%　　　　25%　　　　20%

（3）分解部门指标与个人绩效挂钩

①职位：客服

指标：客服好评率、回复率、平均响应时间、退款纠纷率

权重：30%　　　　25%　　　　25%　　　　20%

②职位：美工

指标：PV 量、图片处理及时率

权重：60%　　　　40%

③职位：推广专员

指标：访客数、转换率、PV 量

权重：60%　　　　20%　　　　20%

④……

一个电子商务公司，视规模大小，其基本职位都会配置。考核时，依企业产品特性或业务流程，进行合理调整，以期达到绩效考核促进互联网电商盈利的目的。

H小贴士
uman Resources

管理者要明白：

员工只做你检查的事，不做你希望的事。所以，我们想要什么结果，就去重视什么，千万不要发生偏移。

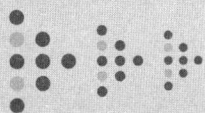

第 **6** 章

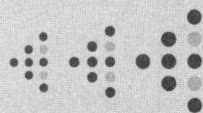

量化管理，考核数据收集运用

寻找量化管理的数据源头

采集时关注流程过程数据

分析考核结果信度和效度

建立数据的定期更新机制

量化管理信息化平台搭建

量化管理源于美国，量化管理理论源于国际先进管理理念和全球著名公司管理实践，是一种系统的管理理论，改革开放后才被中国企业普遍应用，后来量化管理被引入企业，企业量化管理是目前在国际上最为前沿的一整套企业管理的模式，被誉为"企业终极管理模式"。而今，量化管理几乎成了科学管理的代名词，凡管理不量化就不科学。由于量化管理从根本上回答了建立"百年企业"的最终方法是什么，于是量化管理被视为管理宝典，在各行各业广泛推广，使得量化管理呈现出不断泛化之势。

实施量化管理不仅可以提升组织的管理水平和工作效率，而且还可以使组织各项工作向科学化、规范化发展，充分调动和激发组织全体人员的工作积极性，有效地加强和促进组织各项工作的全面建设和快速发展，创建和谐的工作氛围，实现组织的发展需求。

01 量化管理中的五化原则

企业量化管理的理论基础之一是科学管理理论，科学管理产生于 19 世纪末 20 世纪初，其创始人是美国著名的工程师和科学管理家费雷德里克·泰勒（F.Taylor，1856~1915）。当时，美国资本主义经济发展较快，企业规模迅速扩大，但是由于管理落后，生产操作方法混乱，资源、人、财、物配置低效，工人的劳动所得不与其劳动强度挂钩且工资很低，劳资关系紧张，工人消极怠工现象普遍存在，企业的效率低下。为此泰勒先后做了大量实验，在总结长期实验的基础上，他提出了科学管理的五条原则：

1. 工时定额化

对工人提出科学的操作方法，以便有效利用工时，提高工效，研究工人工作时动作的合理性，去掉多余的动作，改善必要的动作，并规定完成每一个单位操作的时间，制定出劳动时间定额。

2. 分工合理化

对工人进行科学的选择、培训和晋升，选择合适的工人安排在合适的岗位上，并培训工人使用标准的操作方法，使之在工作中逐步成长。

3. 程序标准化

制定科学的工艺规程，使工具、机器、材料标准化，并对作业环境标准化，用文件形式固定下来。

4. 薪资差额化

把工人工作任务完成情况与工人工资收入相联系，实行具有激励性的计件工资制度，对完成和超额完成定额的工人以较高的工资率计件支付工资；对完不成定额的工人，则按较低的工资率支付工资。

5. 管理职能化

管理和劳动分离，管理者和劳动者在工作中密切合作，以保证工作按标准的设计程序进行。泰勒认为，管理这门学问注定会具有更富于技术的性质，那些现在还被认为是在精密知识领域以外的基本因素，很快都会像其他工程的基本因素那样加以标准化，制成表格，被接受利用。

泰勒的设想在今天变成了现实，企业量化管理在很多方面吸收了科学管理的管理理念。比如，任务定额化，企业量化管理强调首先确定标准工作任务或工作目标，然后对其逐步细化、具体化，并逐项量化打分以便量化考核；程序标准化，为求管理的公平性，企业量化管理一个重要的环节是针对具体的管理对象和管理内容制定出标准的工作程序，并对程序中各个步骤和环节根据其重要程度分别赋予相应的分数和权重；酬金差额化，量化管理对工作任务、工作程序等方面进行精确量化的目的之一，就在于根据量化结果实行"按劳取酬"，把完成工作的质和量与工作人员的报酬紧密联系，从而达到激励的目的等。

02 绩效考核数据采集运用

绩效考核最重要的一项工作就是绩效考核数据的采集，为使绩效管理有效、有序地贯彻并执行，须保证关键绩效指标统计数据的公平性，真实性。

1. 绩效考核数据收集管理权责

（1）人力资源部负责绩效考核指标、权重、考核标准、计算公式的解释，考核结果与各部门反馈，协调解决绩效考核过程中出现的问题，主动介入各部门员工绩效考核面谈。

（2）各部门负责提报本部门考核数据及其他部门需要协助提报的数据，负责本部门人员绩效考核面谈。

（3）绩效委员会负责制定考核标准的数据，负责监督各部门按时提报数据及审核各部门所提报数据的真实性。

（4）财务部负责各部门财务数据的审核，依人力资源部提报的经审批的考核数据核算绩效工资。

2. 绩效考核数据采集来源及流程

（1）各级部门需了解本部门应该提供的 KPI 考核数据，并为其他部门（一级部门、科室及关键岗位）提供相关 KPI 考核数据。

（2）数据采集部门与被考核部门及人力资源部一起明确各指标的定义、内容、公式等，包括指标中相关名词的解释和定义，建立衡量指标的有关标准，确立合理、科学的指标计算方法。

（3）数据采集部门应提交关键绩效指标数据形成的过程，供被考核部门及人力资源部确认，包括数据的采集方式、采集频率、原始数据来源及精确程度等均应明确并经三方认同，不可随意更改。绩效考核数据收集流程如表6-1：

表6-1　绩效考核数据收集流程

收集时间	关键流程	流程标准	责任人	备注
当月	数据记录	数据提交部门记录原始数据，持续跟踪，并进行分析改善。	各部门	
次月 1~3日	数据初审	数据提交部门进行数据准确性的初步审核。	各部门	
次月 4日	数据提报	数据提报部门初审后，在规定时间内将数据提报给绩效主管登记。	各部门	
次月 5~7日	数据审计	对所有数据进行审计，有不实数据需数据提报部门重新提报再审计。	各绩效委员	
次月8日	数据汇总	绩效主管对所有数据进行汇总，经人力资源总监审批。	绩效主管	
次月 9~10日	数据反馈	经过审查的数据反馈各部门主管确认。	绩效主管	
次月 11~12日	考核工资测算	根据考核数据进行考核工资测算，测算结果报人力资源经理、财务经理审查。	薪酬主管	
次月 13~14日	考核工资审批	考核工资部门会签后，报本部门上一级主管审核，财务总监、人力资源总监审核，最后报总经理审核、董事长审批。	总经理 董事长	
次月 15日	数据保存	数据原始记录部门保存，考核表及成绩汇总表由绩效主管保存。	绩效主管	

（4）绩效数据收集的程序：第一，人力资源部于每个月末给有关职能部门或下一级单位人力资源部下达书面通知，对数据收集提出具体要求，于每个月末将员工绩效计划完成情况数据报有关业务管理部门审核，然后报人力资源部；第二，人力资源部负责组织数据收集并汇总。职能部门或相关业务部门负责业务指标的审计确认，保证数据的真实可靠，最后将审定后数据报人力资源部；第三，为保证数据采集结果的真实性和可靠性，对上报的考核指标数据，必须经过严格审查、审计，也可采取个别谈话、征求内外部客户意见、审查工作报告、调阅有关材料和数据、听取监督部门意见等方式，对所采集

的数据进行核查，发现数据与事实不符或有舞弊行为的，要及时采取措施予以更正。需要平衡调整的，按程序报批。对出现的虚报浮夸、弄虚作假等问题要及时进行调查核实，凡情况属实的，要采取果断措施，及时予以纠正处理。

3. 按照考核周期确定数据提交时间

（1）月度考核：数据提供部门在月度考核结束后 3 个工作日内将采集结果提交给人力资源部及被考核部门。

（2）季度考核：数据提供部门在季度考核结束后 4 个工作日内将采集结果提交给人力资源部及被考核部门。

（3）年底考核：数据提供部门在年度考核结束后 5 个工作日内将采集结果提交给人力资源部及被考核部门。

4. 数据审核

（1）人力资源部 / 被考核部门 / 绩效委员会对收集数据进行审核，对有疑义的数据可直接要求数据提供部门给出解释，获得双方认可后更改数据考核表内容并签字确认，同时知会被考核部门。

（2）若被考核部门或个人对本部门的 KPI 数据有疑义，可提出绩效申诉，与数据提供部门 / 人力资源部 / 绩效委员会进行绩效沟通，达成一致。

（3）人力资源部 / 绩效委员会根据汇总数据考核表结果，对各个部门的关键绩效评分，并将考核指标结果和评分情况反馈给被考核部门。

5. 按照考核周期确定绩效面谈必须完成时间

（1）月度考核：月度结束后 5 个工作日内。

（2）季度考核：季度结束后 7 个工作日内。

（3）年度考核：年度结束后 9 个工作日内。

6. 考核结果

（1）在被考核部门或被考核员工就考核结果达成一致后，被考核部门或被考核个人在考核表上签字生效。

（2）人力资源部最终统计 KPI 评分表交于绩效管理委员会，进行审批，将审核后的 KPI 评分表汇总交财务部作为计算绩效薪酬的依据，副本存于人力资源部，对考核情况及各种资料整理归档，如表 6-2。

表 6-2　各部门须为其他部门提供关键指标数据一览表

序号	数据提报部门	考核部门	KPI指标	考核岗位	考核目标	实际数据	目标数据	完成率	备注
1									
2									
3									

7. 绩效考核数据收集的奖罚

（1）对未按规定时间提供考核数据的责任部门，其责任人减扣绩效分 1 分/天，直到提交为止，如果数据超 1 周还未提交，造成被考核部门因数据提报部门没有及时提报数据而影响无法考核的，该项指标按原指标系数 1.0 标准核算工资，由数据提报部门责任人承担 0.3。

（2）对提供不真实或错误考核数据的责任部门，其责任人扣除绩效分 5 分/个数据，数据审核人已审核时，数据审核人扣除绩效分 3 分/个数据。

（3）绩效考核数据提报部门连续三个月无差错，准时提交考核数据其提交数据责任人奖励绩效分 5 分、数据审核人奖励绩效分 3 分。

多年的实践证明，绩效评估能否成功地实施，很关键的一点就在于绩效评估的结果如何运用。如果运用不合理，那么绩效考核对员工绩效改进和能力提升的激励作用就得不到充分体现。那么，绩效数据分析与运用应该从哪些角度考虑呢？我们先看绩效考核结果数据分析。

第一，从公司整体参与情况、整体数据看绩效考核结果的信度与效度。

第二，分别从参与人员的司龄、职类、部门机构与绩效等级挂钩的程度，来分析绩效成绩两极的表现，并发掘背后的原因，提供人力资源专业的建议。

第三，从考核指标名称及定义分析，考核指标的名称能够让人明白考核指标大概的范围与性质，考核指标的定义就是对考核指标进行简要的描述，描述出它的性质，在考核指标名称的基础上，对考核指标进行更为明确的规定，让人理解到考核指标的内容。

第四，考核指标评价只有衡量标准，一般衡量标准计算公式为：得分 = 绩效系数 × 权重 ×100%；对于如何计算该考核指标无明确公式规定的指标，在考核过程中容易对如何计算考核指标产生歧义的，明确计算公式。

第五，各部门按照自己的工作内容制定每一项工作的考核指标，对于工作内容没有进行系统的整理规划整合，导致每位员工的考核指标普遍在 8 个以上，工作分散，重点不清晰，绩效改善提升点不明显，考核指标数量较多的部门要精减考核指标。

第六，部门负责人侧重于过程的考核，在考核指标的设计过程中也都以过程作为考核内容，完成工作过程的员工考核未合格，而未考虑公司财务所需要的最终结果。

第七，查看现有《人员月度绩效考核表》中对每项考核指标进行权重占比，看是否存在如下现象：员工完成各项基本指标而重要指标未达标，最后导致员工最终绩效考核结果合格的情况，说明关键指标的权重设定不合理，这样失去了绩效考核的基本意义，需要重新调整考核指标权重比例。

再看绩效考核结果数据运用：

第一，用于薪资调整：绩效考核结果运用于工资的调整主要是体现对员工的激励，一方面对于绩效不良的员工，降低其绩效工资，促进其尽快地改善；另一方面对于绩效优良的员工的工资调整也有一个客观的衡量尺度，将绩效考核结果运用于工资的调整将有利于提高薪酬的内部公平感。

第二，用于分配奖金：奖金的形式多种多样，这里仅以年终奖为例来说明操作方法。年终奖以月薪总额为基准，参考个人年度绩效结果，年终双薪奖 $=I \times P \times T$，其中，I= 年平均月薪，P= 年度绩效考核，T= 当年在职月数 ÷12，若考核为一年一次，则考核系数分别为：

等级	A	B	C	D	E
系数	2.0	1.5	1.0	0.5	0

第三，用于分析培训需求：管理者以及培训工作负责人，在进行培训需求

分析时，应把绩效考核的结果以及相关记录，作为一个重要材料进行深入地研究，从中发现员工表现和能力与所在职位要求的差距，进而判断是否需要培训，需要什么方面的培训。如果是因为态度问题，那么可能需要的是如何引导认同公司的价值观，普通的培训是不奏效的；如果是技能不足，那么展开一些再培训或专门训练就会得到解决。总之，绩效考核的作用之一，就是帮助员工改善和提高绩效。

第四，用于提出人事调整议案：绩效考核的结果为员工的晋升与降级提供了依据。对于绩效考核成绩连续优良的员工，可以将其列入晋升的名单；但对于连续绩效不良的员工，就要考虑降级或者辞退。通过绩效考核以及面谈，找出员工绩效不良的原因，如果是由于不适应现有岗位而造成的不良结果，则可以考虑通过岗位轮换来帮助员工改善。

第五，用于制订员工职业发展计划：每位企业的员工，在实现组织目标的同时，也在实现着个人的职业目标。考核作为一种导向和牵引，明确了组织的价值取向，因此，考核结果的运用，一方面强化了员工对公司价值取向的认同，使个人职业生涯有序发展；另一方面通过价值分配激励功能的实现，使员工个人的职业生涯得以更快地发展，个人职业生涯的发展，又能够反过来促进组织的发展。

03 | 绩效考核数据更新规范

绩效考核数据的更新，是以新数据项或记录替换数据文件，或数据库中与之相对应的旧数据项或记录的过程，通过删除、修改、再插入的操作来实现。绩效考核数据的规范，是数据标准化的要求，是企业或组织对数据的定义、组织、监督和保护进行标准化的过程。

企业的标准化建设是企业战略规划的重点工作，绩效考核数据的规范也是企业标准化建设的组成部分，管理有序，数据准确，考核规范，持续发展，是企业基业永存的保证，绩效考核是人力资源战略的核心工作，有必要与时俱进。

1. 绩效考核数据的更新

（1）绩效考核指标的更新：企业在初次开展绩效考核项目时，所设定的考核指标往往是抽象的，考核指标可能并不是被考核人的关键绩效指标，随着绩效考核的逐渐完善，按照原来制定的考核指标，有些每月已经能 100% 完成，但不能起到工作改善的促进作用，这时需要重新设定新的考核指标，进行更改，使被考核者重新找到努力的方向。绩效考核指标的更新需要人力资源部与被考核部门领导充分沟通，制定出新的可控的量化指标，如下表 6-3。

表 6-3　绩效考核指标更新前后对照表

考核职位	更新前指标	更新前目标	更新前数据	备注	更新后指标	更新后目标	更新后数据	备注
包装部经理	包装设计方案通过率	100%	100%		包装计划达成率	95%	96%	
	包装流程改造项目	1			包装产品合格率	98%	98%	
	包装计划达成率	90%	95%		包装损耗降低率	1%	1.2%	
	包装产品合格率	95%	98%		人均产能达成率	100%	99%	
	包装员工流失率	2%	1%		包装新材料改进		1	

从以上考核指标可以看出，原先设定的"包装设计方案通过率""包装流程改造项目""员工流失率"等考核指标，因为连续半年考核结果为 100%，所以接着考核此指标意义不大，需要调整新的绩效考核指标，改进工作作风。

（2）绩效考核目标的更新：绩效考核目标是基于战略而设定的，但是在实际考核的过程中，往往考核目标经过几个月的努力还是难以达到，这时如果不调整，被考核人就会失去达成此目标的信心，有可能起不到促进作用，这是目标过高，还有一种情况是，目标过低，被考核者不经努力就能达到，同样起不到激励的作用，这时就要修改绩效考核目标，与被考核者达成新的考核目标共识。

（3）绩效考核权重的更新：每一个绩效考核职位，都只有几个关键的考核指标，在这几个关键的考核指标中，又会有几个考核指标是容易达成的，或者是经过一段时间的努力后，此指标每个月又能够达成，这个时候，人力资源部门如果提炼不出新的考核指标，就要对现成的考核指标重新排序，对不能达成的指标，与被考核部门主管及被考核人沟通，设定新的权重，确保被考核人明确新的目标，调整权重时，以未达成目标的指标权重最大，达成较好或已达成的指标权重较少。

2. 绩效考核数据的规范

（1）绩效考核指标的定义规范：企业经营管理的核心是人和资本，资本很重要，但离开人的创造，资本也不能被增值。而在人力资源管理中，如何客观、公正、公平的评价出每个员工的价值，就是人力资源管理模块中"绩效管理"的核心内容，因为人的复杂性，需要人力资源部不但要从公司战略目标出发，还要结合人员所处岗位的职责，对个人绩效考核指标进行不断完善与规范。实践证明，绩效考核指标的定义越清晰，考核数据越真实，被考核人越能接受考核结果，所以确定好绩效考核指标的同时，还要对指标的定义进行规范，对不可控的指标、非财务指标能不考的坚决不考。

比如，一企业行政部设立"环境满意度"考核指标，指标定义为"抽查员工对环境满意程度"，这个指标就是定义不清，抽查多少人？抽查哪些人？满意标准是什么？这些都是不可控的因素，定义不清，考核的效果就会大打折扣。

（2）绩效考核指标计算公式的规范：企业在绩效考核推行初级阶段，员工对绩效考核的认识比较模糊，员工对绩效考核指标设计与运用还不了解，对绩效考核指标的名称、定义、目的和计算公式等基本知识还需要从实践中学习，所以绩效考核指标的计算公式要反复与被考核者演练，直到被考核者本人能通过数据计算出考核结果，这个时候，计算公式被考核者接受，且能说明考核指标的实用性，这样的考核指标计算公式才算规范。凡是量化的考核指标，都要能计算，相同的考核指标，考核不同的职位，其计算公式应是统一的。

比如，一企业某生产车间设立"计划达成率"考核指标，其计算公式为"实际完成计划数／计划总数"，另一个生产车间设立的"计划达成率"考核指标，其计算公式也应是"实际完成计划数／计划总数"，这个计划总数可能不同，但应是两个车间的主管部门同时下达的计划目标，所以，计算公式应是统一的，标准应是一致的。

（3）绩效考核指标数据采集的规范：绩效考核体系主要以定量指标为主，定性指标为辅，注重对于绩效考核周期内绩效的评价，对考核周期内绩效出现的问题进行改进提升，所以在推进绩效考核时，"数据来源""数据采集周期"要统一规范，"数据来源"主要是考核数据提供部门要如实提供真实数据；"数据采集周期"一般是一个月，为保证数据的真实性，也有以周为数据采集周期，一个月合并汇总的，只要在考核前统一规范，达成共识就行。

对于一些无法采集数据的考核指标能修改的进行修改，降低数据采集的困难度和提升数据采集的准确性，鉴于财务指标在考核中的重要性，在绩效考核优化时，在指标中加入了一定量的财务指标，并就某一指标联合相关部门一起考核，增加采集数据的公正性，但也有一些指标，出于公司机密暂时不公开的，如"净利润"考核指标，是考核总经理的关键指标，有些老板基于企业风险不把此指标纳入考核范围，这时就要将此目标转换成其他目标进行考核，如"总成本占比"。

通过对绩效考核数据的更新规范优化，提高企业绩效考核的有效性，在此基础上，要形成严密、有序的定期更新机制，真正做到持续改进，实现PDCA循环，从而将绩效考核引导向绩效管理，完成绩效考核工作质的飞跃。

04 绩效考核数据的信息化

绩效考核数据信息化是以现代网络、数据库技术为基础，对所考核范围各要素汇总至数据库，供企业管理者及员工提高工作效率、持续改进、辅助决策等相关的各种信息组合的一种技术，使用该技术后，可以极大地提高各种行为的效率，为推动企业绩效考核提供极大的技术支持。

1. 信息化绩效考核的思考

建立相适应的信息化绩效考核平台，运用科学的绩效考核方法，是正确评价、激励每位员工工作行为的前提，是企业绩效考核工作由"粗放化"管理到"精细化"管理实现的必要保证，当然，企业绩效考核信息化管理也是刚推行绩效考核企业的一项长期的、艰巨的任务。

许多企业在推行绩效考核过程中，原始数据都是停留在纸面上，而且全部需要手工记录、评定、发布，这就耗费了大量的人力和物力，并且存在透明度差、考核结果查询不及时、无法全面地评价某一员工等弊端，迫切需要一种员工分工明确，业务流程优化，分解职能合理等一整套企业员工管理制度体系的建立，非常需要一套完整的实施标准制度与评议考核和过错追究办法的绩效管理考核体系，以检查企业员工在日常工作操作规范情况，追究员工违章违规过错责任。从标准制度中明确职责、业务流程以及制约关系入手，充分发挥信息化手段，依托计算机网络资源的优势，形成本企业目标管理绩效考核系统，把员工实际工作情况与目标管理绩效考核系统中的内容进行量化比对，考核记分，当月评估，年末考核分智能化生成，保证了绩效考核的客观性、公正性、透明性，达成良好的绩效考核效果。

（1）解决绩效考核数据保存问题

建立绩效考核信息化，必须从思想上切实提高管理人员对绩效考核信息化重要性的认识，是绩效考核工作"粗放型"向"精细型"发展的必由之路，但不可否认，无论绩效考核系统如何先进，最先进管理方法关键都取决于人。

在建立信息化系统之前，必须先对绩效考核的历史数据进行整理、归类、建档、保存，确保数据的完整性。每一个绩效考核指标数据都必须来源于原始数据台账，这是信息化管理的基础，负责绩效考核的人力资源部门要明确分工，对考核数据台账的建立责任到人，审计到位，处罚到岗，只要数据完整、真实、有效，才能保证绩效考核信息化平台系统正常运行。

如何建立绩效考核数据台账？初次接触绩效考核的员工可能不太熟悉，如"招聘达成率"绩效考核指标，这个指标是考招聘主管的，要统计招聘达成率，首先要有招聘需求计划，一个企业有可能同时有好几个部门有招聘需求，人力资源部招聘主管就要建立月份招聘需求登记表（见表6-4）这个招聘需求台账。

表6-4　月份招聘需求登记表

序号	需求部门	招聘职位	职位要求	招聘人数	申请日期	计划到位日期	备注
1							
2							
3							

通过此表，再查找各部门经审批后的原始招聘申请单，如果原始招聘申请单上的申请招聘职位与台账上的招聘职位一致，说明台账真实有效，一环套一环，使原始数据的审查有可追溯性。

（2）建立相适应绩效考核信息化平台体系

没有规矩，不成方圆，目标管理绩效考核系统所依据的制度需要完善发展，要进一步细化考核工作的流程，精细量化分解到每一个工作"点"的标准来考核，使绩效考核的每一个指标都能够在系统里找到数据与答案。

在考核方法上，应把可量化的财务指标和项目指标单独分开进行绩效考核，最大限度依托于计算机信息化的优势，使绩效考核智能化，减少绩效考核中人的情感因素，保证绩效考核结果的公平性、公正性、高效性。

绩效是创造出来的，是管理出来的，但绝不是考核出来的，绩效考核的宗旨是提升管理业务水平层次，降低生产管理成本，因此绩效考核应强调过程控制，及时纠正绩效考核过程中发现的问题，把以往考核结果的做法改为考核结果的过程。总之，运用信息化手段把考核和责任追究体系的每一个环节都纳入信息化绩效考核，实现管理行为的全程和实时监控，确定合理的绩效考核方法，使其更快捷、公正、科学，是企业管理考核的方法由人管人跨越到制度管人、程序管人的质的飞跃。

2. 绩效考核信息化管理实施的意义

企业信息化是实现企业现代化管理和精细化管理的最有效手段，各企业主要领导应高度重视并积极推动，绩效考核作为一种有效的企业管理手段，在评价与激励员工，增强企业活力和竞争力，促进企业发展和提高企业市场地位等方面，发挥着至关重要的作用，是企业人力资源管理的核心。

因此，企业基于对整体绩效考核现状及信息系统建设深刻分析基础上的战略性思考，制定高效实用的全员绩效考核评价办法，用信息技术提升、改造传统的产业考核方式，提升企业核心竞争力、提高内部管理创新能力，加强整体竞争力，产生了重要的经济价值和推广意义。

（1）确保公司战略目标融入绩效考核中

绩效考核是连接员工个体行为和组织目标之间最直接的桥梁，因此绩效考核对于员工的行为具有很强的导向作用。企业可以将公司的战略目标融入绩效考核当中，通过信息化管理不断提高全员绩效考核的工作效率和工作质量，根据绩效考核结果决定奖罚的对象及等级，激励先进、鞭策后进，做到奖罚分明，有利于提高员工工作积极性，出色地完成组织目标，确保公司的战略目标得以实现。

（2）提升管理水平，强化执行力

要实现经营管理目标，必须将绩效考核管理从最高层管理者延伸到最基层员工，使之层层落实，通过绩效考核系统信息化实现公司管理过程全程考核，避免管理漏洞的出现，提高公司的管理水平和执行力。

（3）企业内部协作，完善人力资源管理体系

绩效考核工作把企业利益与员工利益直接关联起来，通过绩效考核系统信息化增进了各级领导和下属之间的相互了解和沟通，努力挖掘员工工作潜能，增强员工的工作责任感，帮助员工成长与发展，逐步建立和完善人力资源管理体系。

（4）形成激励机制，为人力资源配置提供有效依据

实施全员绩效考核信息化管理，旨在动态掌握员工的基本素质和工作业绩，激励、约束员工行为，为正确评价、培养、使用、奖惩或淘汰员工提供依据，避免了以往对绩效考核只看"惩罚"的状况，更多的是通过考核查找不足，强化短板，以此达到提高员工素质和技能的目的。

3. 绩效考核信息化管理

企业尝试开发信息系统来开展全员绩效管理工作，通过被考核对象在线进行自我评价和考评人在线进行绩效考核，采取综合管理考核、专业管理考核和挖潜增效目标考核相结合的方式。企业指标、考核数据及绩效工资核算信息库的建立，是绩效考核从手工记录到电子记录的一次发展，是将传统手工的绩效考核模式进行标准化、系统化、信息化，实现全员绩效考核工作及时、高效、公开，满足公司不断发展与壮大的需要。

（1）绩效考核信息化管理的内涵：构建数字绩效平台，保障公司绩效管理制度的贯彻执行，为优化人力资源配置、薪酬分配、教育培训、员工职业生涯规划等提供依据；激励与约束员工不断提高工作效率、提升公司整体绩效，实现所属各部门、员工和公司的共同发展。

数字绩效平台主要在收集、汇总、规划现有绩效考核数据的基础上建立绩效考核基础数据库，并通过集中管理和维护，达到信息共享、资源共享的目的，并为绩效考核评价体系提供保障，确保绩效管理制度得以贯彻执行。平台软件要求技术先进、功能丰富、方法灵活、标准化程度高、适用范围广、安全性能好，管理、使用和维护方便，既可以充分满足我公司目前的现状，又能够很好地适应公司不断发展与壮大的需要。

（2）信息系统具体实施步骤：第一步，建立绩效考核系统架构，根据公司绩效考核业务需要，结合企业绩效考核的要求，建立绩效考核系统组织体系；第二步，建立绩效考核指标、考核数据、工资测算程序等信息；第三步，定义考评组及考评关系：设置考核方案中哪些人以什么样的权重对哪些考核对象进行考核，以便归类统计；第四步，考核指标及计算公式：制订考核方案的考核指标及指标计算公式，也可以用 Excel 做好考核模板，导入系统，这要依据企业绩效考核模块要求而设定。

（3）绩效考核工资计算：第一步，人力资源部绩效专员在考评人考评结束后，在系统中点击"计算"按钮，计算考核结果，这需要程序员在设计前就要充分了解考核数据的逻辑关系，预演各种数据统计时结果的真实性。第二步，考核结果调整：经绩效考评小组统一讨论后，可对考核结果进行调整，如调整特殊时期的考核结果等，调整前需要与被调整部门领导沟通，达成共识。第三步，公布考核结果：考核结果无误后，点击"公布"按钮公布考核结果。

05 老 HRD 的经验分享

实现绩效考核信息化管理，是人力资源部门提高工作效率，更好地服务好其他部门的一个公正平台，依照全员绩效考核信息化管理的创新点，达到简化绩效考核流程，减少与各部门因考核数据不正确而产生的摩擦与分歧。

1. 实施绩效考核信息化管理的作用

（1）实现"在线"考核

通过科学、合理地构建信息系统，使实际应用具有全面性、动态性，考核单位和被考核单位可实施到组织的最末梢。通过对信息系统考核组织架构的建立，利用公司现有的计算机及网络设备，不同地区的考评单位用户均可以通过客户端远程登录绩效考核信息系统在规定的时间内对被考核对象实施在线考核评价。

（2）实现"全方位"考核

通过信息化突出对 KPI、360 度、MBO 等考评技术的运用。能实施多角度、多层次、多对象的测评，测评手段和方法更加简便、科学，能有效满足上下级、同级和服务对象参与全员考评的要求。利用信息化管理的手段，每一位考评人和被考评对象都可以远程登录绩效考核信息系统实施在线考核评价或自我评价，充分实现了绩效考核工作的全员参与和互动。

（3）实现"标准化"考核

通过信息系统化，实现全公司工作岗位名称、工作职责、考核报表体系规范化、标准化解决了各企业普遍存在的一人多岗和一岗多人情况带来的考核难题，极大地提高了全公司机构和人员制度标准化建设的管理水平。

（4）实现"透明化"考核

通过信息化实现全员绩效考核工作及时、高效、公开，利用绩效考核信息系统，各被考核部门可按照系统权限范围，随时查询被考核对象以往的考核结果和存在的短板并加以改进，以便能更有效地实现考核对加强管理的导向性作用；而且，通过绩效管理信息系统平台，使得决策层能够将公司的战略目标进行有效分解，快速、全面地掌握公司的现状和未来，能够在大量的信息数据中，集中精力于那些对公司的发展、壮大有关键作用的信息，加大管理力度，延伸管理半径，优化资源配置，实现公司短期目标和长期目标间的平衡。业务管理层能够了解本公司、本部门的绩效完成情况，通过不断地沟通、反馈，并提供必要的支持、指导和帮助，与员工共同完成绩效目标，从而保证每个部门目标的实现。员工可以明确努力的方向，并通过绩效完成情况和过程的分析，了解并查找自己存在的问题与不足，为持续改进绩效提供帮助，从而可以更好地完成绩效目标。

2. 某销售公司实施绩效考核信息化管理成绩分析

（1）取得的经济效益分析

自实施全员绩效考核信息化管理以来，公司各项经营业绩大幅提升。全年各项绩效考核指标总体完成情况良好，绩效考核责任书的指标完成均明显超过了年度目标值。经营总量：全年完成经营总目标为 38 亿元，同比增长18.5%。国内销售为 32 亿元，同比增长 22%，完成集团公司下达年度目标的120.5%。利润总额：全年实际完成利润为 3.54 亿元，完成集团公司下达的年度目标值 3 亿元的 118%。考核销售费用为 3000 万元，比集团公司下达的年度目标值 3430 万元节约 430 万元。

（2）取得的社会效益分析

公司通过实施全员绩效考核信息化工作，各项主要指标较前期已大幅提升。全销售系统区内 9 家公司 8 项指标考核排名，在前五名及以上的指标有 5个，其中进入前三的指标有 4 个，有 2 个排第一。年度绩效考核评比中，公司领导班子的绩效考核结果被集团公司审定为 A 级，综合考核得分为 121.3 分。

企业凭借省内同款产品 60% 的市场占有率，取得了客户的认可和好评，公司在当地税收排名第一，赞助当地组织的城市运动会，解决 200 多人的就业问题，成为市内唯一一家营业收入超亿元的商品流通企业，为当地经济的发展做出了贡献。

3. 某生产企业考核数据不实问题

（1）这家公司实施绩效考核时，有一个指标是工时利用率，生产部统计上来的数据与公司厂部统计上来的数据不一致，生产部门认为它的数据较真实，但是，通过调查发现，他们两个部门统计的数据来源、统计口径以及统计的方法都不一样。生产部统计有效工时是指在实际生产线上的所用工时，而厂部统计的有效工时是指在该部门实际上班的人数的工时；还有，在生产部统计工时扣除了停工待料的工时，而厂部却没有；计算的标准也不一样，生产部用的标准工时是PE工程师一些新修改的标准，由于标准的公布要一些时间，有些标准公司还在审批之中没有公布，所以，厂部用的标准时是公司领导批准、确认的标准工时，由于他们采用的标准不一，这样导致了统计结果就不一样了。

通过分析可以发现，我们在对数据收集时，要求有明确的标准和数据来源，按照公司规定的流程和制度来收集数据，不要只凭部门的主观判断来收集和提供数据。必须保证数据的收集和统计的口径、标准以及计算方法等的一致性。

（2）解决此问题应该从以下几个方面入手：第一，绩效考核的数据的提供，原则上不能由本部门提供，如果没有办法由本部门提供，那么，该数据必须要有相关部门的确认核实和领导的审批等。第二，在建立绩效考核指标的时候，我们要避开由本部门提供自己部门的绩效考核数据，这样做的目的是采用的回避原则，部门级的考核数据尽量由其他部门提供。但是，在实际操作中，我们可能会遇到，有些数据无法由其他部门提供，例如，有些公司的质量有关的数据，这些数据只有质量管理部门提供，但我们在设计时，要求这些数据必须有其他部门的确认，如生产部等确认。

（3）检查收集的绩效考核数据，各部门的统计的口径、标准、方法以及数据来源等是否保持了一致性。有些绩效考核数据的收集必须当时记录下来，不要等到月底统计时才来回忆统计数据，这样收集上来的数据就不具有时效性和及时性，如在我们统计客户投诉率时，如果在客户投诉时没有做好记录，到月底统计时可能会漏掉或部门要求需要说明是哪家客户投诉以及为什么投诉，我们会拿不出来，到时相关部门就不会得到认可。还有，我们部门主管在对员工 PBC 考核时，如果我们平时没有对员工的一些工作表现做好记录，那么到月底对员工进行评价时，也只是凭印象评分了。

（4）在设计绩效考核指标时，要考虑有利于绩效考核数据的收集。绩效考核指标的设定一定要满足有利于绩效考核数据的原则，如果我们在设计绩效考核数据时，发现有些指标的绩效考核数据无法收集时，我们要么改变绩效考核指标，要么建立或找到相关流程和制度来保证绩效考核指标需要数据的收集。

总之，我们在实施绩效考核时，对于绩效考核数据的收集，一定保证其真实性、有效性和实效性，满足我们绩效考核的要求，满足对部门和员工有一个真实的评价，使绩效考核能正确和有效地实施。为了在绩效考核过程中，对数据进行有效管理，这里附上一家企业的绩效考核数据收集管理办法供大家参考。

某公司绩效考核数据收集管理办法

1. 目的

为建立和完善公司绩效考核体系，确保考核数据按时提报，且真实有效，使绩效考核能公平、公正、公开评估，特制定本办法。

2. 范围：公司所有部门。

3. 权责

3.1　人力资源部：负责绩效考核指标、权重、考核标准、计算公式的解释，考核结果与各部门反馈，协调解决绩效考核过程中出现的问题，集团公司负责总监级（含）以上人员的绩效考核工作，制定绩效考核规则，各分子公司负责经理级（含）以下人员绩效考核工作。

3.2　财务部：负责提报制定考核标准的数据及财务数据的审核。

3.3　各部门：负责提报本部门考核数据及其他部门需要协助提报的数据，负责本部门人员绩效面谈。

3.4　总裁办：负责监督各部门按时提报数据及审核各部门所提报数据的

真实性。

各绩效委员：负责所分管部门考核数据的提报及数据的审核。

4. 内容

4.1　考核目标及项目

4.1.1　集团人力资源部每年12月份制定下年度目标数据，分解到各部门。

4.1.2　各部门根据本部门年度目标，在12月底具体分解为月度及各岗位。

4.1.3　审批后的部门及岗位月度目标，不得随意修改，考核周期为每月。

4.1.4　KPI考核指标、权重、目标值、计算公式及考核标准，各部门不得自行调整或更改，须报绩效管理小组审查，送总裁办核查，报总裁审批确认后，从更改下月起按更改后的执行。

4.2　数据来源及数据审核人

4.2.1　本部门负责人在规定时间内负责对本部门数据的收集、汇总、审核与提报。

4.2.2　数据审核人有事请假时，由职务代理人负责收集、汇总、审核与提报。

4.3　考核表单及提交时间

4.3.1　所有的KPI考核指标数据都要以表单的形式来体现，表单由数据提交部门签字，数据审核人审核，必要时须总裁审批后有效。

4.3.2　绩效考核表单提交时间以考核表中规定的时间为主，包含审批过程中的时间。本部门的考核数据是其他部门负责提供时，部门经理有责任协助完成。

4.4　考核数据的审核

4.4.1　数据提报部门经理、副总负责数据真实性的审核，并在考核表中规定时间内提报给执行组长，未按时提报数据责任人，由执行组长按规定处罚。

4.4.2　执行组长收到考核数据后，与绩效审计委员及总裁办主任对数据进行复审，审核有误时，需与数据提报部门沟通，确认最终准确数据。

4.4.3　绩效委员会审计委员每月10日下班前，负责完成对上月所有数据真实性的审核工作，由执行组长在11日进行汇总；同时将经过确认的数据在

12—13 日反馈各部门主管确认后，于 14 日上午 10 点前将确认准确的数据汇总表提交人力资源部经薪酬主管。

4.4.4　薪酬主管收到数据汇总表后，按部门绩效考核数据，测算考核工资，交部门负责人会签，财务部经理审核后，于每月 15 日下班前交总裁审批。

5. 流程表

时间标准	关键流程	动作标准	责任人	使用表单
当月	数据记录	数据提交部门记录原始数据，持续跟踪，并进行分析改善。	各部门	相关数据表单
次月 1—4 日	数据初审	数据提交部门进行数据准确性的初步审核。	各部门	相关数据表单
次月 5—9 日	数据提报	数据提报部门初审后，在规定时间内将数据提报给执行组长登记。	各部门	相关数据表单
次月 10 日	数据审计	对所有数据进行审计，有不实数据需数据提报部门重新提报再审计。	各绩效委员	绩效考核表
次月 11 日	数据汇总	执行组长对所有数据进行汇总，经总经理审批。	执行组长	考核数据汇总表
次月 12—13 日	数据反馈	经过审查的数据反馈各部门主管确认。	执行组长	考核数据汇总表
次月 14 日	考核工资测算	根据考核数据进行考核工资测算，测算结果报人力资源总监审查。	薪酬主管	绩效考核表
次月 15 日	考核工资审批	考核工资部门会签后，报本部门上一级主管审核，最后报总裁审批。	总裁	绩效考核表
次月 15 日	数据保存	数据原始记录部门保存，考核表及成绩汇总表由绩效主管保存。	绩效主管	相关数据表单－考核表

6. 表单管理

6.1　考核指标由绩效主管统一建档编号管理，考核指标的增加、废除，由绩效主管逐级报批，做到每一个指标都有一个编号，编码规则由人力资源部规定。

6.2　绩效考核汇总表单由绩效主管统一建档编号管理，考核表单的修改、增加及废除，绩效主管逐级报批，做到每一个表单都有一个编号，原则上以绩效考核指标编号为依据，在 KPI 之后用表单的第一字母 B 代表。

6.3　每个人的绩效考核表及绩效考核汇总表经审批后，由绩效主管分部门、分月份统一存档管理，原则上本部门负责人只能查阅本部门的历史表单，跨部门查阅须要财务部经理审批，原始表单不得借出。

7. 奖罚

7.1　提供不真实或错误的考核数据，其责任人赞助 50 元 / 个数据，数据审核人已审批时，数据审核人赞助 30 元 / 个数据，数据稽核人员（按稽核分工责任人）赞助 20 元 / 个数据。

7.2　未按规定的时间提供考核数据，其责任人赞助 100 元 / 天，如数据超过 1 周内还未提交，造成被考核部门因数据提报部门没有及时提报数据而影响无法考核的，该项指标按原指标系数 1.0 标准核算工资，由数据提报部门责任人承担 0.3。如经审核，高于或低于 1.0 标准时，由被考核人承担，在下月工资中体现。

7.3　绩效主管未按规定对绩效考核指标及考核汇总表进行编码管理，赞助 50 元 / 个，个人绩效考核表及绩效考核汇总表未归档管理，遗失赞助 100 元 / 份。

7.4　绩效主管未在规定时间内申报绩效工资的审批，赞助 100 元 / 天。

7.5　连续一个月无差错，准时提交考核数据其提交数据责任人奖励 500 元、数据审核奖励 300 元、数据稽核人员奖励 200 元。

8. 其他

本办法自 × 年 × 月 × 日起实施。

H小贴士
Human Resources

绩效考核数据的提交及时与正确，能保证考核成绩真实性，所以提报虚假数据或错误数据都会影响绩效考核的有效性，针对此项工作的奖罚规定要结合企业实际情况而定，之前没有过处罚制度的企业，先要与各部门达成共识，必要时先试运行三个月后再执行。

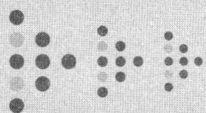

第7章

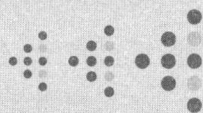

考核方法，教你具体实施步骤

各层级关键绩效考核指标的设计

绩效考核数据的收集提报与审查

提报绩效考核表按分工进行复审

价值评价与绩效改进是考核目的

关注绩效考核要点加强过程控制

KPI（Key Performance Indicator，关键绩效指标）是组织战略目标经过层层分解得出的具有可操作性的量化指标，是衡量组织内部流程绩效的目标式量化管理指标，建立 KPI 体系，是做好绩效考核的关键。

关键绩效指标，可以说是目标管理法与帕累托定律（又称二八定律）的有机结合，关键绩效指标通过关键参数目标的设定，来引导员工行为，同时，通过 20% 的关键业绩指标来引导企业 80% 的工作绩效，实现企业战略目标。

1. 关键绩效指标的特点

（1）KPI 来源于公司战略目标。公司战略目标决定着关键绩效指标，关键绩效指标是对公司战略目标的进一步分解与细化。公司战略目标是长期性、指导性的任务，而关键绩效指标是各责任主体可衡量的参数，关键绩效指标必须与公司战略目标保持方向一致，并且随着公司战略目标的调整而不断修正，否则就会失去其存在的意义。

（2）KPI 需符合 SMART 原则。关键绩效指标反映员工工作中的可控部分，因此，需是具体的（specific），关注员工具体的工作内容，不可一概而论；可度量的（measurable），指标是可以通过数据或信息做出考量的；可实现的（attainable），绩效目标在付出努力的情况下是有可能实现的，避免设定过高或过低的目标；关联性的（relevant），各岗位绩效指标是与上级指标或公司战略相联系的；有时限的（time bound），绩效目标的完成是有时限要求的。

（3）KPI 是对关键工作业绩的衡量。关键绩效指标符合二八定律，是对工作内容中的关键部分进行考核，而不是对所有工作内容的反映。

（4）KPI 是经过协商一致的。关键绩效指标的设定，必然取决于公司的战略目标，同时，也是由上下级员工共同参与、协商一致达成的共识。

2. 关键绩效指标的价值

（1）有力推动公司战略执行，为绩效考核和上下级的沟通奠定基础。

（2）使高层领导清晰了解对公司最关键的经营指标情况。

（3）使管理人员集中精力于对业绩有最大驱动力的经营活动。

（4）使管理人员能及时诊断经营中的问题并采取改善行动。

总之，KPI 是处于核心地位的关键绩效指标，明确责任主体的行为标准及目标，是绩效考核体系的核心。KPI 一般分为三个层级，公司级 KPI、部门级 KPI 和岗位级 KPI。公司级 KPI，是由公司战略目标演化而来；部门级 KPI，根据公司级 KPI 和部门职责来确定；岗位级 KPI，则是部门级 KPI 及岗位职责的落实。岗位 KPI 来自部门 KPI，部门 KPI 来自企业 KPI，企业 KPI 来自战略目标，这样才能保证各部门、各岗位员工都朝着公司战略目标而不断努力。

01 设计各层级绩效考核表

对于新手来说，绩效考核进入关键流程阶段，在绩效宣讲动员、绩效全员培训、绩效制度制定等前期工作完成后，KPI 绩效考核进入真正落地实施阶段，第一步就是设计各层级绩效考核表，一般而言，对于多数岗位，考核周期均为月度考核。

设计绩效考核表，关键在于确定 KPI 指标，KPI 指标的确立流程如下。

（1）确立公司级 KPI。从公司战略目标出发，利用"鱼骨图分析"法、"头脑风暴"法等，抓住主要矛盾，分析出企业的管理重点，进而确定业务标准、关键业绩指标，即形成企业战略级 KPI。从战略目标分解的结果看，关键绩效指标可以分为财务层面指标、内部运营层面指标、周边关系层面指标、投入指标四种。

（2）明确部门级 KPI。各部门负责人根据公司级 KPI，结合部门职责，明确部门工作流程中的关键要素，明确评价指标体系，形成部门级 KPI。

（3）设立岗位级 KPI。部门负责人或直接主管与各岗位人员共同参与，结合岗位职责，将部门级 KPI 进一步分解出各岗位的业绩衡量指标，即岗位级 KPI。各层级 KPI 都以战略目标为归宿，由此形成企业绩效、部门绩效和个人绩效之间统一、有效、连动的管理系统。

（4）设定评价标准。在明确了衡量指标之后，还要明确各指标的评价标准。评价标准，进一步明确指标的实现程度、完成时间等衡量标准。

（5）确定各指标权重及分值。明确衡量指标、设定评价标准之后，需要确定各指标的权重及分值，考核表才算真正成形。

（6）审核各级考核表。为确保绩效指标能够客观、全面地反映被考核者的工作绩效，保证考核表具有可操作性，需要对各级考核表进行审核。

关键绩效指标的设立，可参照表 7-1，以各中心为责任主体设立关键绩效指标。

表 7-1　各中心关键绩效指标设立参考示例

责任主体	业务重点	指标名称	指标定义	设立目标	数据来源
研发中心	组织增幅	新产品销售额比率增长率	年度新产品订货额占全部销售订货额比率的增长率	反映产品研发的效果，体现公司后劲的增长，坚持产品的市场检验标准	财务部
		老产品市场增长率	老产品的净增幅度		
	生产率提高	人均新产品毛利增长率	计划期内新产品销售收入减去新产品销售成本后的毛利，与研发系统员工平均人数之比的增长率	反映研发系统人员的平均效率，控制研发系统人员结构和改善研发管理	人力资源部
	成本控制	老产品技术优化及物料成本降低额	计划期内，销售的老产品扣除可比采购成本升（降）因素后的物料成本降低额	促使研发部门不断完善和改进老产品，降低老产品物料成本，提高老产品竞争力	财务部
		运行产品故障数下降率	计划期内，网上运行产品故障总数的下降率	促使研发系统提高新、老产品的质量和稳定性，降低产品维护费用	销售部
营销中心	组织增幅	销售额增长率	计划期内，分别按订货口径计算和按销售回款口径计算的销售额增长率	作为反映公司整体组织增幅和市场占有率提高的主要指标	财务部
		出口收入占销售收入比率增长率	计划期内，出口收入占销售收入比率的增长率	强调增加出口收入的战略意义，促进出口收入增长	财务部

续表

责任主体	业务重点	指标名称	指标定义	设立目标	数据来源
	生产率提高	人均销售毛利增长率	计划期内，产品销售收入减去产品销售成本后的毛利与营销系统平均员工人数之比	反映营销系统货款回收责任的履行情况和效率，增加公司收入，改善现金流量	人力资源部
	成本控制	销售费用率降低率	计划期销售费用支出占销售收入比率的降低率	反映销售费用投入产生销售收入的效果，促使营销系统更有效地分配和使用销售费用	财务部
		合同错误率降低率	计划期内发生错误的合同数占全部合同数的比率的降低率	促进营销系统减少合同错误，合理承诺交货期，从而提高整个公司计划水平和经济效益	生产部
供应中心	组织增幅	合格物料及时供应率提高率	指计划期内，经 IQC 检验合格的采购物料及时供应的项次各占生产需求的物料采购项次的比率的提高率	反映采购系统管理供应商的能力，以及对均衡生产的保障能力和响应能力	生产部
	生产率提高	人均物料采购额增长率	计划期内，到货的物料采购总额与采购系统平均员工人数之比	反映采购系统的生产率，促使其减人增效	人力资源部
	成本控制	可比采购成本降低率	按代表性物料品种（重点是 A 类物品）计算的与上年同期比较或与业界最佳水平比较的采购成本降低率，在采购成本中包含采购系统的费用分摊额	降低物料采购综合成本	生产部
生产中心	组织增幅	及时齐套发货率增长率	指在计划期内生产系统按照订货合同及时齐套正确发货的产值占计划产值的比率	反映生产系统和公司整体的合同履约能力	销售部
	生产率提高	人均产值增长率	计划期内生产系统总产值与平均员工人数之比	反映生产系统的劳动生产率，促使其减人增效	人力资源部

续表

责任主体	业务重点	指标名称	指标定义	设立目标	数据来源
	成本控制	制造费用率降低率	产品制造成本中制造费用所占比率的降低率	促使生产系统降低制造费用	财务部
		产品制造直通率提高率	产品（含元器件）一次性通过生产过程各阶段检验的批次占全部生产批次的比率的提高率	提高制造质量，降低制造质量成本	工程部
财经中心	组织增幅	净利润增长率	计划期内，净利润增长率	旨在促进财经管理系统通过全面预算的有效控制和对货款回收的有效监控，促使公司最终成果的增长	工程部
	生产率提高	财经管理人员比例降低率	计划期内，技术财经管理系统人员平均数占公司员工平均数的比例降低率	旨在促进财经管理系统减人、增效	人力资源部
	成本控制	管理费用率降低率	计划期内，公司管理费用支出（不含研发费用）占销售收入的比率的降低率	促使财经管理系统通过全面预算管理，有效地提高管理费用支出效果和降低管理费用率	工程部

02　考核数据提报审查批准

绩效考核数据的收集核实是提报的第二步，是 KPI 考核落地实施，在一个绩效考核周期结束之时，各种数据提供部门需根据绩效考核表，提供相应的绩效考核数据，考核数据收集后，需与责任人、上级主管、部门经理、申请人等利益相关主体进行确认核实，明确考核数据是否有误，是否需要纳入考核范围，是否需要进行免责申请等，在绩效考核数据确认无误后，就可以提报各考核者及相关领导。

1. 定量指标与定性指标的考核标准

在考核数据的收集过程中，会涉及两种指标类型，定量 KPI 和定性 KPI，对于两者，需要采取不同的考核标准。

对于大多数的定量 KPI，可设立保底值和基准值两个考核标准，保底值是一个最低考核值，系数可设置为 1.0，具体考核规则是：当实际完成值 < 保底值时，则考核分数为 0 分；当保底值 < 实际完成值 < 基准值时，考核分数 =100×（实际完成值 – 保底值）/（基准值 – 保底值）；当实际完成值超过基准值时，有一定的最高值奖励设置，也有些企业把保底值设置为 1.0，考核值设置为 1.1，挑战值设置为 1.2，这样设置也是一种追求高目标的考核方法，建议这样的设置，选择一些通过努力较容易达到的指标进行设置。

对于一些不适宜采取线性考核方式的定量指标，可采取加减分的方式。如考核指标"新产品设计数"为 5 款 / 月，新产品每增加 1 款，则加 5 分；新产品每减少 1 款，则减 3 分，奖多罚少，起到激励作用。

对于定性 KPI 指标，由于难以量化，考核容易流于形式，因此，对定性 KPI 的考核，要尽量明确考核要点以及完成情况考核标准，避免考核者的主观随意性。

具体而言，考核应反映 KPI 完成情况的关键环节或关键方面，或者对被考核者工作的主要要求，较适合于日常工作。如定性 KPI "采购管理体系建设情况评估"的考核要点可以是"按时完成情况，成果质量，年度供应商管理情况"。

其中，对于定性 KPI 的"完成情况"主要采用分级描述法，即对 KPI 的完成情况进行分级打分，并对各级别的考核标准分别进行描述。例如，可以对某一指标的层级划分为良好、合格、不合格三级。对于关键事件则采取加减分法，即针对 KPI 执行过程中出现的关键事件，可制定相应的加分或减分标准。例如，对于关键事件的定性 KPI "产品质量情况"，则可设定考核标准为"发生一次重大质量事故，扣 50 分；发生一次一般性质量事故，扣 10 分，扣完为止"。

2.KPI 考核的评分方法

（1）加减分法。这是最常见的评分方法，先设定 KPI 指标的基准值，对于正向引导的指标，如销售目标达成率、市场占有率、新产品研发数等，每增加一定的幅度，就可获得相应加分，反之，则减分；而对于反向引导的指标，如成本、损失、人员离职率等，每减少一定的幅度，就可获得相应加分，反之，则减分。

采取加减分法的绩效指标，需要根据其难易程度，来设计加分或减分及其幅度。如果考核指标设定的目标值，较难达成，则可设定较高的加分幅度；如果目标值较容易达成，则可设定一定的减分幅度。

（2）比值法。先设定 KPI 指标的目标值，然后根据实际完成值与目标值相比较得出的比重，来计算指标得分。对于正向引导的指标，实际完成值与目标值的比率越高越好，则可设定正斜率的线性分数增减规则；对于负向引导的指标，实际完成值与目标值的比率越低越好，则可设定负斜率的线性分数增减规则。

如同加减分法，比值法也可根据绩效指标目标的难易程度，来设定不同的比值与分数的线性关系。如果目标较难达成，则可设定较高的斜率关系；如果目标较容易实现，则可设定较低的斜率关系。但是，比值法因为采用简单的线性关系设计评分规则，所以无法体现同一指标、不同完成值之间的难易差异。

（3）区间法。根据目标值完成的区间范围，设定不同的分值。该方法在使用时较简单，方便操作，只要找到实际发生值所处的区间，就可以给出具体的分值。

在设计一份完整的绩效考核表时，会根据指标设计情况，组合运用上述三种评分方法。它们的设计思路其实一致，都是先设定绩效指标的目标值或基准值，然后根据考核周期内的实际完成值与目标值或基准值的关系，差值关系、比值关系或区间归属关系，设定相应的分值规则。

3. 考核表的审查

完成绩效考核指标及收集绩效考核数据之后，就可以形成具体被考核者在考核周期内的考核表，接下来，考核表就需要提报初审和复审，根据组织绩效考核制度的规定，相应层级的领导分别对绩效考核表进行初审、复审，该考核表才能生效。

（1）初审：考核表的初审一般是本部门一级主管和间接主管，也就是数据提交部门领导，要对所提报数据负责，如表 7-2。

表 7-2 考核表审查

受审核部门： 编写日期： 审核日期： 审核员：

序号	考核指标	考核目标数据	实际考核数据	审核项目	查证记录	判定
1						
2						
3						
4						
5						
6						
7						
8						
9						
10						

（2）复审：考核表提报后，交至绩效考核主导部门复审，绩效考核复审部门由企业绩效考核委员会确定，没有设定绩效考核委员会机构的，一般由人力资源部绩效主管牵头，相关部门领导复审，或直接由人力资源部领导复审。

在完成考核表的初审、复审后，也不能保证这些指标就能运用于绩效考核，达到预期的效果，要想真正达到效果，还取决于企业是否有关键绩效指标考核的支持环境，建立这种支持环境，同样是关键绩效指标设计时必须考虑的。

03 绩效考核的过程与控制

KPI 绩效考核，开始于关键绩效指标的确定，这也是 KPI 考核法实施的基础和重点。但 KPI 考核，不应仅仅停留在指标确定阶段，而应做好指标确定后的过程控制。

KPI 考核指标确定只是开始，关键要努力达成，目标达不到的影响因素主要有目标过高、实现目标的客观因素发生变化、执行者的意愿不强、能力不够等，作为管理者就必须随时关注下属的 KPI 目标达成情况并及时进行辅导、培训，给予相关资源的支持，确保个人及团队达成考核指标。

1. 管理者关注绩效考核的要点

（1）当下属的执行意愿不强烈时要了解原因并进行鼓励。

（2）当下属的工作能力不能达成考核指标时，管理者必须进行技能的培训与辅导。

（3）当制定目标的客观因素发生变化时可适当调整目标，当然目标调整后仍然必须符合部门级 KPI 的要求。

（4）当下属完成指标所遇到的困难非其权限范围内可以解决的，上级须协助其解决。

定量的 KPI 可以通过数据来体现，定性的 KPI 则需通过对事实的描述来体现阶段性绩效改进考核的过程。在进行绩效改进考核时，部门经理与每个员工围绕职位的业绩衡量指标、要素以及实际完成的情况进行充分的面对面的沟通。根据过程中经理所掌握的工作数据或事实依据，指出员工在达成目标及工作过程中需要进一步改进的地方，同时在沟通中形成员工下一阶段的工作目标。这样通过指出需要改进的方面和下一阶段目标的确定，引导员工朝着部门要求的目标方向发展，同时在工作方式、方法、业绩等方面的改进，也有利于员工素质、能力的提高。

2.KPI 考核的优势

（1）自上而下的纵向目标分解，岗位职责、部门职能与企业远景、战略相连接，目标自上而下层层分解，相互有因果关系。

（2）横向联系，保证员工、部门的绩效与内部其他单元、外部客户的价值相连接，共同为实现客户的价值服务。

（3）基于企业的发展战略以及业务流程的通盘考核，整体考虑，而非仅仅从单个岗位的职责出发。

（4）简洁精练。与一般业绩评价指标相比，关键业绩指标 KPI 能更加精练地反映实际的业绩，直观性和可控性更强，便于评估和管理，导向性更明确。

3.KPI 考核若要发挥其作用，必须具备以下基本条件

（1）企业有明确的战略目标，且战略目标能通过关键指标进行衡量。

（2）岗位职责较为明确清晰，有职责标准。

（3）考核结果的评估数据来源容易获得，成本较低。

（4）考核结果能够和薪酬体系、培训体系、职位发展体系有效结合。

4.KPI 考核过程管控

（1）设定每月月末固定时间（如 28 日至 30 日）由人力资源部组织将各部门、各工作岗位的绩效考核表打印分发到各部门。

（2）由各部门文员分发给各相应工作岗位的上级考核人员对相应下属进行客观公正的考核，考核时间（每月 1-5 日）。

（3）各部门文员将考核表格收齐后统一交人力资源部汇总，并初步审核考核结果是否合理，对有异议的要和部门领导事先进行沟通，无异议后制定汇总表上报公司领导审核批准，批准后交人力资源部复印存档（每月6-8 日）。

（4）人力资源部将批准的正本移交财务部执行绩效工资的分配计算和核算工作（也有企业由人力资源部薪酬专员负责）。

（5）员工申诉：被评员工与部门二级主管无法达成考评一致意见后，由被考核员工到人力资源部领取绩效申诉表，填写完整后交人力资源部处理，人力资源部要积极组织执行委员会人员调查并做出调查的初步意见后交委员会主任审批执行。

（6）若部门对绩效考核指标提出修正或修改的，须向公司书面申请。绩效考核委员会执委会提出，待商榷后报绩效考核委员会主任批准实施修正并备案。

（7）要求公司各部门要有较详细的考核记录，做到每项考核有理有据，客观公正地评价每一位下属，不得借此打击报复，一经查处，对考核人按公司有关规定给予严肃处理；并在下一次绩效考核中将该徇私情况纳入绩效考核

指标中进行考核。

考核不是目的，而是激励的手段，促进绩效改进和提高，提高员工的素质和能力才是考核的真正目的，绩效管理及绩效改进是遵循 PDCA 循环来进行的，通过 PDCA 的不断改进、提高工作质量和工作结果。

04 绩效结果的运用及改进

企业绩效考核主要实现两个目的：一是价值评价，二是绩效改进。面向绩效改进的考核重点是解决问题及改进方法，从而实现绩效的改进。在 KPI 考核中，考评者与被考核者是一种平等的伙伴关系，大家的目的都是使被考核者尽快提高能力，达到业绩标准要求。

为真正发挥 KPI 考核的作用，KPI 考核结果需要和员工薪酬奖金计算、职务升迁、培训需求确定、个人职业发展等联系起来。考核结果必须得到运用才能保障考核效果。某公司仓管员绩效考核方案中（参见表 7-3），基本工资与绩效工资加起来是 3000 元，40% 为基本工资，60% 为绩效工资，以公司所定比例为准。

表 7-3　某仓管员绩效考核方案

仓管员 2015 年绩效考核方案										
岗位	基本工资	绩效工资	KPI	权重	目标	绩效工资系数	实际完成	实际完成率	绩效工资	备注
仓管员	1200	1800	账物卡相符率	50%	98.0%	账务卡相符率≥99%，按 1.3	100.00%	96.9%	900	
						账务卡相符率≥98%，按 1.0				
						账务卡相符率≥95%，按 0.8				
						账务卡相符率低于95%，按 0.5				

续表

仓管员 2015 年绩效考核方案										
岗位	基本工资	绩效工资	KPI	权重	目标	绩效工资系数	实际完成	实际完成率	绩效工资	备注
			发货及时准确率	30%	100%	发货及时准确率 ≥ 100%，按 1.2	100.0%	100.0%	648	
						发货及时准确率 ≥ 98%，按 1.0				
						发货及时准确率 ≥ 95%，按 0.8				
						发货及时准确率低于 95%，无绩效工资				
			入库准确率	20%	100%	入库准确率 =100%，按 1.2	100.0%	100.0%	432	
						入库准确率 ≥ 99%，按 1.0				
						入库准确率 ≥ 98%，按 0.5				
						入库准确率低于 98%，无绩效工资				

绩效工资为 1980 元，加上基本工资 1200 元，合计当月工资 3180 元，比原工资增加 180 元。

在 KPI 绩效考核阶段中，绩效沟通与反馈显得尤为重要。沟通的内容主要包括以下几个方面：

（1）阶段性工作目标、任务完成情况。对照员工的 KPI 目标、职位说明书和工作总结，就每项工作完成情况与其进行沟通，逐项讨论、确定，这主要是对员工过去一个阶段绩效考核结果交换看法，以寻求达成共识。

（2）完成工作过程中的优良表现。主要是挖掘工作中的闪光点，最好列出具体事例并加以证明，这项沟通要求注意观察和发现员工在日常工作中表现出的有效方面，及时给予表扬和奖励，以扩大正面行为带来的积极影响。

（3）指出需要改进的地方。应针对具体问题，明确指出员工工作过程中哪些地方做得还不到位，哪些地方还可以提高，同时请员工本人分析存在问题的原因，描述后期该如何克服和改进，同时提出自己的建议。

（4）协助制订改进工作的计划。帮助对需要改进方面制订改进措施和行动计划，对实施过程中遇到的问题或需要的支持提供指导和帮助。

（5）下一阶段绩效工作目标、计划的制订和确认。要点在于和员工一起讨论、确定工作目标、完成进度表和检查考核计划，让员工对应完成的目标、标准、何时反馈等有明确的认识。

05 老 HRD 典型案例分析

2018 年年底，中国某电力网调整 KPI 考核办法，将原先的 36 个细项减少到收入、利润率、EVA 三个主要指标，其中收入是考核新增收入行业份额。

自开展考核以来，中国电力网的管理规则是，31 个省公司每年一次大考，作为评定各项绩效的唯一标准，还要张榜公布成绩和排名，以各种增长为主要目标的考核，成就了中国电力网一家独大的局面，接着其他同行业也相继制定各种 KPI 考核办法。

对于同行运营商，KPI 已逐渐失去奖优罚劣的能效。根据中电网内部统计，从 2010 年以后，各省公司 KPI 得分已经接近重合，但各省还是要为这些无意义的 KPI 投入不少资源，把压力向基层传递，市场竞争也不可避免地陷入了价格战等低层次无序状态。

因此这次中电网公布精简 KPI 指标的消息，引发了同行业内部一致叫好，那么究竟这次精简 KPI，会对中电网产生哪些影响呢？

（1）下放经营自主权，回归企业经营本质，真正实现以客户为中心。总部不用为寻找存在感而指挥前线，可以抽出时间考虑战略、规则制定、资源协调等。

（2）所有省公司都会考虑如何赚钱，成本补贴项目会急剧萎缩，考核 EVA 就要多考虑赚钱的新项目，如大数据之类。

（3）这个考核调整，会让市场竞争变得更加理性，在整个电力行业已经走向有限增长的成熟阶段，让运营商把资源用在如何提高用户体验、维系用户、提高利润率上，建立良好竞争秩序。

读者可参考下图来搭建绩效考核体系。

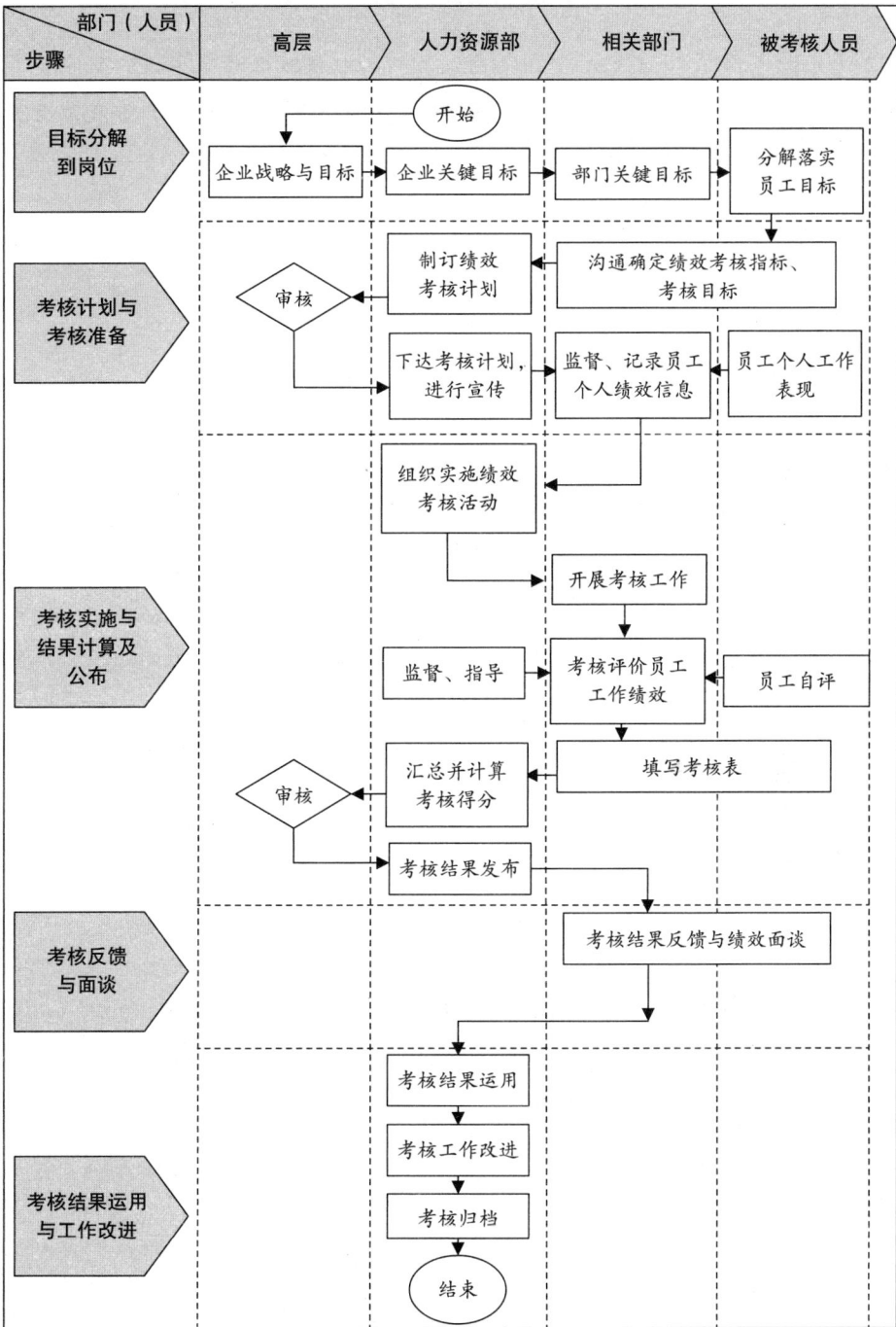

部门（人员）步骤	高层	人力资源部	相关部门	被考核人员
目标分解到岗位	企业战略与目标	开始 → 企业关键目标	部门关键目标	分解落实员工目标
考核计划与考核准备	审核	制订绩效考核计划 ／ 下达考核计划，进行宣传	沟通确定绩效考核指标、考核目标 ／ 监督、记录员工个人绩效信息	员工个人工作表现
考核实施与结果计算及公布	监督、指导	组织实施绩效考核活动 ／ 开展考核工作 ／ 考核评价员工工作绩效 ／ 汇总并计算考核得分 ／ 考核结果发布	填写考核表	员工自评
考核反馈与面谈		考核结果反馈与绩效面谈		
考核结果运用与工作改进		考核结果运用 ／ 考核工作改进 ／ 考核归档 ／ 结束		

图 7-1 绩效考核体系搭建流程图

H小贴士
uman Resources
良好的绩效结果运用可以促进战略绩效管理，促成更高的公司绩效。战略绩效结果不仅仅是为了绩效奖金分配，还可以运用于薪酬层级调整、员工培训与职业发展等多个方面。

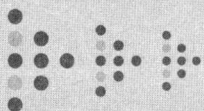

第8章

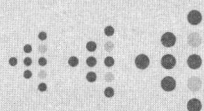

手把手教，"人财供产销研"考核

有人说产品品质是设计出来的，我认为绩效考核也一样，绩效考核结果的好坏，也与绩效考核方案的规划是分不开的。我们从事绩效考核工作的人，都喜欢借鉴别人公司的方案来设计自已公司的考核方案，其实这种做法是不可行的，因为每个公司都有自已独特的文化与理念，理念不同，设计的考核方案会千差万别，追求狼性文化的企业，一定会有末位淘汰，而秉持包容文化的企业，一定会有容错机制。同样，由于每个企业产品和流程不一样，考核指标与目标也会有差异，所以我们从事绩效考核工作的人，不能靠一个考核方案"行走天下"，自己要有对绩效考核真谛的理解，更要有对工作流程深刻的认知，这样所规划的方案才能落执行，才能有好的效果。

在设计一个公司各模块考核表时，我再说说 KPI 设计的五个原则，如下图。

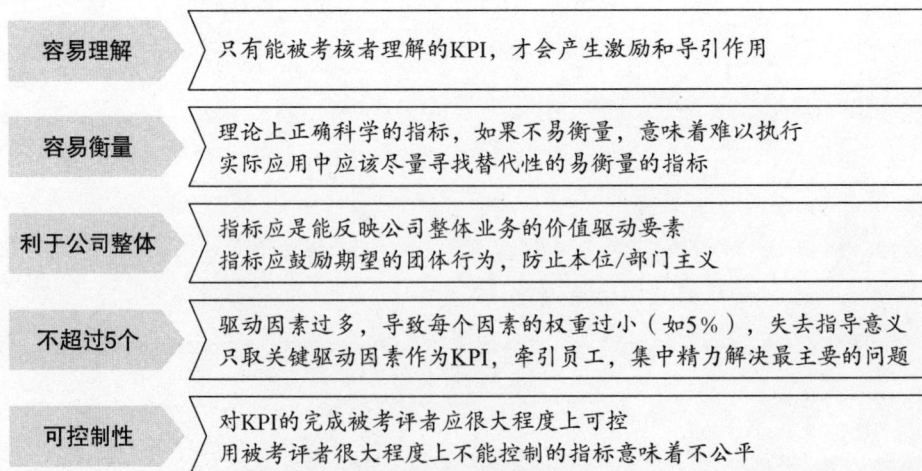

容易理解	只有能被考核者理解的 KPI，才会产生激励和导引作用
容易衡量	理论上正确科学的指标，如果不易衡量，意味着难以执行 实际应用中应该尽量寻找替代性的易衡量的指标
利于公司整体	指标应是能反映公司整体业务的价值驱动要素 指标应鼓励期望的团体行为，防止本位/部门主义
不超过5个	驱动因素过多，导致每个因素的权重过小（如5%），失去指导意义 只取关键驱动因素作为 KPI，牵引员工，集中精力解决最主要的问题
可控制性	对 KPI 的完成被考评者应很大程度上可控 用被考评者很大程度上不能控制的指标意味着不公平

图 8-1 KPI 设计五个原则

01 ┃ 人事与行政考核表设计

人力资源部与行政管理部在规模大的企业组织是分开的,所分管的工作职责不同,考核的内容与指标也是不一样的,小的企业,人事与行政部门是合并的,有的叫人事部,有的叫行政部,也有的叫综合管理部,虽然部门名称叫法不同,但管理的范围是一样的,考核的内容也应是相同的。

1. 人力资源部门的考核表设计

人力资源部门工作职责是负责企业人才管理工作,除了自己部门所有岗位的考核外,还要负责公司所有部门岗位的考核,所以在设计考核表时,要统筹规划,以下是某企业人力资源部几个关键岗位的绩效考核表,如表 8-1 所示:

表 8-1　2019 年人力资源部门绩效考核关联表

NO	指标	目标	部长	人事经理	薪酬专员	人事专员	招聘经理	招聘专员	绩效经理	绩效专员	备注
			姓名 1	姓名 2	姓名 3	姓名 4	姓名 5	姓名 6	姓名 7	姓名 8	
1	人效		20%	——	——	——	——	——	15%	15%	
2	人均产值		20%	——	——	——	——	——	15%	15%	
3	员工满意度		15%	15%	10%	10%	15%	10%	——	——	
4	招聘达成率		——	——	——	——	30%	30%	——	——	
5	培训完成率		——	25%	——	30%	——	——	——	——	
6	绩效覆盖率		——	——	——	——	——	——	30%	30%	
7	利润达成率		20%	——	——	——	——	——	20%	15%	
8	预算达成率		10%								

NO	指标	目标	部长	人事经理	薪酬专员	人事专员	招聘经理	招聘专员	绩效经理	绩效专员	备注
9	人力成本控制率		15%	20%	——	——	——	——	——	——	
10	评优及时率	——	——	20%	——	——	——	——	——	
11	奖惩及时率	——	——	20%	20%	——	——	——	——	
12	调薪准确率	——	——	30%	——	——	——	——	——	
13	转正及时率	——	10%	——	20%	10%	——	——	——	
14	员工守违率	——	——	——	20%	——	——	——	——	
15	人才流失率	——	20%	20%	——	——	——	——	——	
16	晋升达标率	——	10%	——	——	——	——	10%	——	
17	淘汰及时率	——	——	——	——	——	——	10%	25%	
18	新员工成活率	——	——	——	——	25%	30%	——	——	
19	学历达标率	——	——	——	——	10%	15%	——	——	
20	年龄符合率	——	——	——	——	10%	15%	——	——	

2. 行政管理部门的考核表设计

行政管理部门工作职责是负责企业后勤支持工作，考核指标与考核内容以本岗位职责相符，以下是某企业行政管理部几个关键岗位的绩效考核表，如表 8-2 所示：

表 8-2　2019 年行政管理部门绩效考核关联表

NO	指标	目标	部长	行政经理	行政专员	前台文员	安环经理	7S专员	安保经理	档案员	备注
				姓名1	姓名2	姓名3	姓名4	姓名5	姓名6	姓名7	姓名8
1	人效		20%	——							
2	员工满意度		20%	20%	——	20%					
3	办公用品控制率		——	——	30%						

续表

NO	指标	目标	部长	行政经理	行政专员	前台文员	安环经理	7S专员	安保经理	档案员	备注
4	预算达成率		10%	10%	——	——	——	——	——	——	
5	7S检查及时率		——	——	——	15%	25%	30%			
6	环评达标率		15%				15%				
7	资产相符率		——	20%	——	——	——	——	——	15%	
8	食堂满意度		——	10%	20%	——	——	——	——	——	
9	档案完整率		——	——	——	——	——	——	——	50%	
10	盘点及时率		——	——	15%	——	——	——	——	20%	
11	奖惩及时率		——	——	——	——	——	——	15%	——	
12	来访登记率		——	——	——	50%	——	——	25%	——	
13	安全培训及格率		——	——	——	——	15%	10%	10%	——	
14	员工守纪率		15%	——	——	——	——	——	10%	——	
15	消防演练次数		——	——	——	——	15%	15%	10%	——	
16	宿舍满意度		——	——	15%	——	——	——	——	——	
17	绿化植被率		——	——	——	——	——	15%	——	——	
18	用车满意度		——	——	20%	——	——	——	——	——	
19	会议降低率		——	20%	——	——	——	——	——	15%	
20	安全0事故		20%	20%	——	15%	30%	30%	30%	——	

02 财务与供应考核表设计

虽然财务管理部的工作整天是与数字打交道，应该利于被考核，但是 HR
真要考核时，许多从事绩效考核的人却无法与财务被考核人就考核指标达成
共识，原因之一是没看到财务工作背后结果是什么？原因之二是没看到财务
工作的内外部客户是什么？以下是某企业财务管理部几个关键岗位的绩效考
核表，如表 8-3 所示：

表 8-3　2019 年财务管理部门绩效考核关联表

NO	指标	目标	部长	财务经理	总账会计	成本会计	资金主管	预算主管	税务会计	出纳员	备注
			姓名 1	姓名 2	姓名 3	姓名 4	姓名 5	姓名 6	姓名 7	姓名 8	
1	预算准确率		20%	30%	——	——	15%	30%			
2	总资产周转率		30%	20%	——	——					
3	税务 0 风险		——	——					30%	——	
4	财务成本降低率		——	10%	——	15%	——	20%			
5	报表准确率		——	——	25%				20%		
6	报表及时率		——	——	25%				10%		
7	坏账减少比例		15%	——			15%				
8	应收账款及时率		——	——	20%		25%			15%	
9	档案完整率		——	——				20%		20%	
10	盘点及时率		——	——		15%					
11	降本增效完成率		——	20%		20%					
12	融资完成率		15%	——			30%			15%	
13	考核数据及时率		——	——	15%						
14	考核数据准确率		——	——	15%						

续表

NO	指标	目标	部长	财务经理	总账会计	成本会计	资金主管	预算主管	税务会计	出纳员	备注
15	工资发放及时率	——	——	——	——	——	——	——	10%	30%	
16	采购支付按时率	——	——	——	——	——	——	——	——	20%	
17	资产减值损失率	——	20%	——	——	——	——	15%	——	——	
18	成本核算准确率	——	——	——	——	25%	——	——	——	——	
19	成本核算及时率	——	——	——	——	25%	——	——	——	——	
20	财务审计合规率	——	——	20%	——	——	15%	15%	30%	——	

以上关联因各公司财务体系职责不一，相应考核指标会有所差异，原则是根据内部客户要求进行调整。

供应部门考核表的设计因有数据指标就相对简单，如果有相对的数据，其指标设计会根据其职位进行一一对应，如表 8-4 所示：

表 8-4　2019 年供应管理部门绩效考核关联表

NO	指标	目标	部长	PMC经理	PC专员	MC专员	采购主管	采购员	运输主管	仓管员	备注
		姓名1	姓名2	姓名3	姓名4	姓名5	姓名6	姓名7	姓名8		
1	预算准确率	20%	10%	——	——	——	——	10%	——		
2	采购计划准确率	——	20%	20%	——	——	——	——	——		
3	采购计划及时率	——	——	20%	——	——	——	——	——		
4	来料品质合格率	——	——	——	——	——	30%	——	——		
5	采购成本降低率	——	30%	——	——	20%	20%	——	——		
6	老供应商淘汰率	——	——	——	——	10%	——	——	——		
7	优质供应商占比率	30%	——	——	——	20%	——	——	——		

续表

NO	指标	目标	部长	PMC经理	PC专员	MC专员	采购主管	采购员	运输主管	仓管员	备注
8	新供应商开发完成率	—	—	20%	—	—	20%	—	—	—	
9	供应商档案完整率	—	—	—	—	—	—	10%	15%	15%	
10	库存盘点及时率	—	—	—	—	20%	—	—	—	20%	
11	库存盘点准确率	—	—	—	—	20%	—	—	—	20%	
12	运输安全事故次数	—	—	—	—	—	—	—	30%	—	
13	供应计划编制及时率	—	20%	—	30%	—	—	—	—	—	
14	库存安全存量	—	—	20%	—	30%	—	—	15%	15%	
15	采购合同签订率	—	—	—	—	—	15%	20%	—	—	
16	采购合同合规率	—	—	—	—	—	15%	20%	—	—	
17	库存物料损坏率	—	—	—	—	20%	—	—	—	30%	
18	运输成本降低率	—	—	—	—	—	—	—	30%	—	
19	产销会议参入率	—	10%	—	10%	10%	—	—	—	—	
20	主原料市场预测准确率	—	20%	—	20%	—	—	—	—	—	

03　生产与研发考核表设计

设计生产部门绩效考核表，要考虑前端销售与后端品质的关联性，确保生产供应链各项关键指标都能覆盖到。如表 8-5 所示：

表 8-5　2019 年生产管理部门绩效考核关联表

NO	指标	目标	部长	生产经理	设备经理	车间主管	设备工程师	IE工程师	调度员	统计员	备注
			姓名 1	姓名 2	姓名 3	姓名 4	姓名 5	姓名 6	姓名 7	姓名 8	

NO	指标	目标	部长	生产经理	设备经理	车间主管	设备工程师	IE工程师	调度员	统计员	备注
1	预算准确率	20%	——	——							
2	生产计划达成率		——	30%	20%	30%			30%		
3	交期达成率		——	10%	20%				20%		
4	产值达成率	25%	——	——	——		——	20%	——	10%	
5	生产成本降低率		——	25%		20%	20%		20%		
6	人员生产效率		——			20%	15%				
7	设备生产效率		——		30%		30%				
8	生产安全零事故		——		20%		20%				
9	产品直通率		——	25%				15%			
10	利润达成率	30%	——	——							
11	产品废品率		——	——		20%					
12	员工培训率		——			10%					
13	员工流失率	15%	——								
14	7S达标率		——	10%				15%			
15	精益生产项目完成率		——		10%		15%	30%			
16	生产报表提交达成率								20%	20%	
17	客诉损失		——	——		20%					
18	考核数据提报及时率		——	——		——			15%	25%	
19	考核数据提报准确率		——	——	10%				15%	25%	
20	产销会议参入率	10%	——	——	20%		——	——	——	——	

技术研发部门考核表的设计，在考核指标的选取上，要体现工艺创新和新品研发，以确保产品的获利能力和市场的占有率。如表 8-6 所示：

表 8-6 2019 年技术研发部门绩效考核关联表

NO	指标	目标	部长	产品经理	研发经理	工艺工程师	产品研发工程师	产品检测工程师	技术员	检测员	备注
			姓名1	姓名2	姓名3	姓名4	姓名5	姓名6	姓名7	姓名8	
1	预算准确率		20%	——	——	——	——	——	——	——	
2	技改项目完成率		——	30%	——	20%	——	10%	30%	10%	
3	新品开发完成率		——	——	30%	——	30%	——	——	——	
4	新品销售完成率		10%	——	——	——	——	——	——	——	
5	新品毛利贡献率		30%	20%	——	——	——	——	——	——	
6	研发成本控制率		——	——	20%	——	——	——	——	——	
7	新品质量稳定率		——	——	——	20%	20%	30%	——	30%	
8	专利完成率		——	20%	——	——	——	——	20%	——	
9	技改费用转换率		——	20%	——	10%	——	——	10%	——	
10	技术研发人员保有率		20%	——	——	——	——	——	——	——	
11	新产品检测合格率		——	——	10%	——	15%	20%	20%	20%	
12	新品发布及时率		——	——	20%	——	——	——	——	——	
13	工艺标准更新率		——	——	——	30%	——	——	——	20%	
14	标准工时降低率		——	——	——	20%	——	20%	——	——	
15	行标参入次数		——	——	20%	——	——	——	——	——	
16	国标参入次数		——	——	——	——	20%	——	——	——	

续表

NO	指标	目标	部长	产品经理	研发经理	工艺工程师	产品研发工程师	产品检测工程师	技术员	检测员	备注
17	协会学术交流次数		——	10%							
18	内部技术培训次数		——				15%				
19	项目申报完成率		——					20%	20%	20%	
20	项目申报补贴完成率		20%								

04　销售与客服考核表设计

销售部门是一个全凭业绩说话的部门，考核指标相对简单，如表 8-7
所示：

表 8-7　2019 年销售业务部门绩效考核关联表

NO	指标	目标	部长	销售经理	市场经理	大区经理	省区经理	业务员	市场专员	销售内勤	备注
			姓名1	姓名2	姓名3	姓名4	姓名5	姓名6	姓名7	姓名8	
1	预算准确率		10%	——	——	——	——	——	——	——	
2	销售目标完成率		——	40%	——	40%	40%	40%	——	——	
3	利润目标完成率		30%	——	——	——	——	——	——	——	
4	新品销售完成率		——	15%	——	——	——	20%	——	——	
5	新品毛利贡献率		20%	——	——	——	——	——	——	——	

NO	指标	目标	部长	销售经理	市场经理	大区经理	省区经理	业务员	市场专员	销售内勤	备注
6	新客户开发完成率	——	——	——	——	20%	——	10%	——	——	
7	客户满意度	——	——	15%	——	——	——	——	10%	——	
8	客户投诉次数	——	——	——	——	10%	——	——	10%	——	
9	客户信息完整率	——	——	——	15%	——	——	——	20%	30%	
10	销售回款率	20%	——	——	——	——	20%	15%	——	——	
11	大客户业绩增长率	——	——	——	——	20%	——	——	——	——	
12	优质客户拜访率	——	——	——	——	10%	10%	——	——	——	
13	一级市场占有率	——	——	——	15%	——	——	——	20%	——	
14	库存降低率	——	——	——	——	——	15%	——	——	15%	
15	销售费用率	——	——	20%	20%	——	——	——	——	——	
16	销售合同签订率	——	——	——	——	——	15%	15%	——	20%	
17	生产计划及时率	——	——	——	10%	——	——	——	——	15%	
18	市场活动执行率	——	——	——	40%	——	——	——	40%	——	
19	业务人员流失率	——	——	10%	——	——	——	——	——	——	
20	业务人员考核率	20%	——	——	——	——	——	——	——	20%	

　　客服部门是一个服务客户的部门，处理客户投诉，跨部门协调解决采购、生产、品管、销售等相关产品链客户投诉，设计考核指标定性多于定量，如表 8-8 所示：

表 8-8　2019 年客户服务部门绩效考核关联表

NO	指标	目标	部长	客服经理	400主管	客诉主管	客服专员	客诉专员	400专员	客服文员	备注
			姓名 1	姓名 2	姓名 3	姓名 4	姓名 5	姓名 6	姓名 7	姓名 8	
1	预算准确率	10%	——	——	——	——	——	——	——	——	
2	客户投诉回复率	——	——	——	10%	15%	30%	——	——		
3	客户投诉回复及时率	——	——	——	20%	——	20%	——	——		
4	大客户回访率	——	20%	——	——	30%	——	——	——		
5	400 电话台账完整率	——	——	20%	——	——	——	20%	——		
6	400 电话接听率	——	——	15%	——	——	——	30%	——		
7	400 电话新客户转单率	——	——	20%	——	——	——	20%	——		
8	新客户关怀率	——	25%	——	——	20%	——	——	——		
9	客户投诉内部追责率	30%	——	——	——	——	——	——	30%		
10	客户二次投诉率	——	——	——	20%	——	20%	——	——		
11	客户投诉档案完整率	——	——	15%	——	——	——	20%	10%		
12	客户满意度调查及时率	——	——	30%	——	15%	——	10%	10%		
13	客诉损失降低率	——	——	——	30%	——	15%	——	——		
14	大客户销售增长率	——	30%	——	——	20%	——	——	——		
15	业务员客服知识培训率	10%	——	——	——	——	——	——	——		
16	客服人员流失率	——	10%	——	——	——	——	——	——		
17	客服人员培训完成率	——	15%	——	——	——	——	——	——		

NO	指标	目标	部长	客服经理	400主管	客诉主管	客服专员	客诉专员	400专员	客服文员	备注
18	客诉整改跟踪完成率	——	——	——	——	20%	——	15%	——	——	
19	亲密客户项目完成率	30%	——	——	——	——	——	——	——	20%	
20	客户管理制度执行率	20%	——	——	——	——	——	——	——	20%	

05 | 老 HRD 的经验分享

以上关于企业人财供产销研各部门绩效考核指标的设计，只是所有指标库中的一部分，并不能完全覆盖，要根据不同企业属性提炼不同指标，绩效考核关联表中的职位，也是我们假设的一些通用职位，如果各企业有不同职责定位，可以更改。另外以上表单中的关联权重，各企业也可根据自己实际情况，部门分工不同，在职位调整的基础上，可以选择强关联或者弱关联，权重依职责重心而变动。

以下就绩效考核指标和权重如何形成考核生态链说明：

第一、绩效考核指标如何变更？

1. 每一个职位均设计 5 个左右的考核指标，一般不超过 7 个；

2. 每一个指标都是其内部客户或外部客户要求考核的；

3. 每一个（定量或定性）指标原则上能够被量化；

4. 所设计的指标中，应根据主要职责，或其职位说明书中关于 KPI 指标定义，先确定一个或者两个关键指标；

5. 原则上当一个考核指标的目标连续三个月（或半年）以上超额完成时，可经协商，按难易程度调整考核目标到经过努力可以达成的一个新目标，如此循环；

6. 原则上当一个考核指标目标达到行业或公司一个不可超越的目标时，

可调整这个考核指标，换成上游客户特别要求的考核指标；

7.原则上关键绩效指标应与上级或下级保持关联。

第二、绩效考核权重如何设计?

1.根据主要职责中关键指标，确定最高权重指标，一般不超过50%；

2.绩效考核指标中最少权重不得低于10%；

3.原则上当一个考核指标的目标连续三个月（或半年）以上超额完成时，可经协商，减少权重比例，必要时，更换考核指标；

4.原则上当一个考核指标的目标连续三个月（或半年）以上未能完成时，可经协商，增加权重比例，必要时，关联上级；

5.原则上绩效考核权重不得随意应更，不得将容易达成的指标重权调高，而难达成的指标权重调低，一般保持三个月以上的权重比例不变。

H小贴士
uman Resources
　绩效考核指标和权重，是绩效管理中的两把尺子，一把管理工作的宽度，一把管理工作的深度，把这两把尺子用好了，任何一个被考核者，都能成为优秀人才。

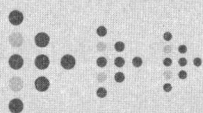

第**9**章

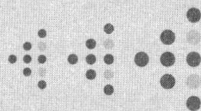

绩效落地，结果反馈考核面谈

确保绩效考核数据的来源真实

客观分析考核数据并及时反馈

建立数据公告平台及申诉渠道

掌握面谈技巧和提高面谈质量

寻找差距制订策略改进与发展

随着企业绩效考核越来越普及，市场竞争更加激烈，我国企业面临三方面的挑战：竞争的全球化挑战、满足利益相关者需要的挑战以及高绩效工作系统的挑战。在此形势下，企业越来越认识到人力资源是发展的第一资源，是企业获得并保持市场竞争优势的重要来源和途径，是企业战略目标得以实现的重要保障，建立科学的绩效管理体系已经成为企业培育核心竞争能力、获取持续竞争优势的必然选择。

绩效考核是一个系统的控制过程，它是企业将战略转化为行动的过程，是企业战略管理的一个子系统，其深层目标是基于企业的发展战略，通过员工与管理者持续、动态的沟通，明确员工的工作任务及绩效目标，并确定对员工工作结果的衡量办法。有效的绩效考核是基于人本管理的思想，通过全员参与企业经营管理的全过程来发现人才、使用人才、充分挖掘人才的潜能，从而实现企业与员工发展的"双赢"。

01 绩效考核结果汇总分析

月度绩效考核的目的是考核员工当月的工作完成情况，并且根据考核情况制订下个月的考核计划和考核目标，进而达到规范化公司绩效考核管理，改善员工的工作绩效，完成企业经营管理的目标。月度绩效考核包括月度考核制度、月度绩效考核方案、月度绩效考核指标、月度绩效考核表、月度绩效考核调查问卷等，这些都是企业绩效考核规范化的体现，当月度考核实施落地，最后就是考核结果的收集及汇总。

1. 绩效考核结果的收集

（1）职责：由人力资源部门负责绩效考核指标、权重、考核标准、计算公式的解释，各相关数据提报部门进行考核数据汇总，考核结果初次与各部门沟通并反馈，协调解决绩效考核数据汇总过程中出现的问题；财务部门负责提报制定考核标准的数据及财务数据的审核；各部门负责提报本部门考核数据及其他部门需要协助提报的数据，负责本部门人员绩效面谈；绩效考核委员会负责监督各部门按时提报数据，及时审核各部门所提报数据的真实性；绩效审计委员负责所分管部门考核数据的审计。

（2）数据来源及数据审核人。

- 本部门负责人在规定时间内负责对本部门数据的收集、汇总、审核与提报；
- 部门数据审核人有事请假时，由职务代理人负责收集、汇总、审核与提报；
- 绩效考核表单提交时间以考核表中规定的时间为主，包含审批过程中的时间。
- 所有的 KPI 考核指标数据都要以表单的形式来体现，表单由数据提交部门签字，数据审核人审核；
- 经营指标数据须总经理审批后才有效；
- 本部门的考核数据由其他部门负责提供时，由其他部门上一级主管审核，部门经理有责任协助完成。

2. 考核数据的审核

（1）数据提报部门经理、副总负责数据真实性的审核，并在考核表中规定的时间内提报给绩效专员。

（2）绩效专员收到考核数据后，与绩效审计委员对数据进行复审，审核有误时，需与数据提报部门沟通，确认最终准确数据。

（3）绩效委员会审计委员每月按规定时间，负责完成对上月所有数据真实性的审核工作，由绩效专员进行汇总；同时将经过确认的数据反馈各部门主管确认，确认准确的数据汇总表提交人力资源总监审核、总经理审批。

（4）总经理审批后的数据汇总表，交绩效薪酬主管按部门绩效考核数据，测算考核工资，交部门负责人会签，财务部经理审核后，交总经理审批。

3.绩效考核结果的应用

人力资源部对考核结果进行汇总、分析，并与各公司部门领导协调，根据考核结果对被考核人的绩效工资、浮动工资、奖金发放、职务升降等问题进行调整。

（1）浮动工资调整。被考核人总分高于员工平均分的，按照超出比例上浮浮动工资；被考核人总分低于员工平均分的，按照差距比例下调浮动工资；等于平均分的不作调整。

（2）奖金发放由主管领导根据考核结果确定发放标准，但必须保证奖金总数全额发放，不得私扣奖金。

（3）中层干部的职务升降及职位调整，由总经理办公会议根据考核结果适时做出决定，员工的职位调整由各公司主管领导决定，并报人力资源部备案，由员工晋升为中层干部的，由总经理办公会议做出决定，企业有权限表规定的，按权限表规定执行，以下是某企业绩效考核数据收集汇总表，如表9-1所示：

表 9-1　考核数据收集汇总表

序号	部门	岗位姓名	KPI 指标	目标	实际完成数	计划完成数	完成率	备注
1								
2								
3								
4								
5								
6								
7								
8								
9								
10								

此表是某企业考核指标均可量化的数据收集汇总表，还有一些企业推行的绩效考核是以发评分或 360 度评估进行考核的，这类企业考核成绩按下表进行统计，如表 9-2 所示：

表 9-2 绩效考核数据收集汇总表

序号	考核级别	姓名	部门	成绩	备注
1	A 级杰出				
2					
3					
4	B 级优秀				
5					
6					
7	C 级良好				
8					
9					
10	D 级合格				
11					
12					
13	E 级不合格				
14					
15					

4.绩效考核结果的分析

对绩效考核结果进行分析，是检查绩效考核程序是否完善的一个改善措施，考核结果的好坏并不是进行绩效考核的主要目的，而是促进流程的优化，绩效考核反馈是绩效管理过程中的一个重要环节。它主要通过考核者与被考核者之间的沟通，就被考核者在考核周期内的工作绩效情况进行面谈，在肯定被考核者成绩的同时，找出工作中的不足并加以改进。

（1）绩效考核的信度：绩效考核的信度就字面而言，指绩效考核结果的可相信程度，具体指绩效考核的一致性和稳定性，也即对同一个被考评者的考评结果应不随考评者、时间、方法的不同而不同。绩效考核的一致性，是指绩效考核结果不会因所用绩效考核方法及考评者的不同而不同。绩效考核的稳定性，是指不长时间段内重复绩效考核的结果应相同。

（2）绩效考核的效度：绩效考核的效度指绩效考核所获取的信息与待测评的真正工作绩效间的相关程度，若某一项绩效考核中，无关信息被纳入，而有关信息却被忽略了，则本项绩效考核效度差。

另外，影响绩效考评结果的主要因素还有：①考评者的判断，②考评者与被考评者的关系，③绩效考核标准与方法，④组织对绩效考核的重视程度，⑤考评者常见的心理弊病。综上所述，影响因素总体涉及主观和客观两个方面，且很难完全消除，因而使得绩效考核出现了因主、客观因素而产生的绩效考核误差，其中因主观因素尤其是考评者心理弊病而产生的绩效考核误差应引起考评者的高度重视，尽力做到事先控制。

5. 减少考绩误差的措施

（1）对被考评者工作的每一方面进行评价，而不是只作片面的、笼统的评价。

（2）考评观察重点应放在被评估者的工作上，而不要太过注重其他方面。

（3）考评表上不要使用概念界定不清的措辞，以防不同的考评者对这些措辞有不同的理解；一个考评者一次不要考评太多员工，以免考评前松后紧或前紧后松，有失公正。

（4）从组织的角度，领导者一定要对考绩工作予以重视和实质性的支持，如不断完善考绩制度、经常监督检查考绩实施过程的公正性、客观性、准确性和系统性。

（5）对考评者进行必要的考评技术方面的培训，如如何正确选择考评方法、如何正确选择绩效考核维度、如何适时调整考评标准、如何正确科学地设定关键绩效指标等。

6. 考评数据的分析方法

考评数据的分析是利用科学的分析方法，根据考评数据及相关资料进行综合评价，为人力资源的决策提供依据，分析考评数据大致有下面几种方法：

（1）顺序法：顺序法就是将考评分数按照其大小顺序进行排列，根据员工考评得到的分值所处的位置，说明员工在考评中的排序。顺序法可依据总分进行排序，也可依照要素得分或指标得分进行排序。

（2）能级分析法：指用一定的临界点将考评得分划分为若干等级，并对此进行评价的方法。能级的划分可以是总分，也可以是结构分或要素分，它同顺序法的主要区别是后者只将分数排队，能级分析法是将分数划区分，如0~59分为不合格，60~69分为合格，70~79分为良好，80~89分为优秀，90分以上为杰出。

（3）对比分析法：将两个以上的考评结果进行对比分析，比较他们的绩效情况，对比时可以用数据的总分比较，也可以采用要素或结构得分进行比较。

（4）综合分析法：运用考评数据对员工进行全面细致综合的评价，这种评价只根据考评标准进行分析，不与别人的考评结果进行对比。

（5）常模分析法：将某个员工的考评结果与该岗位胜任素质模式要求进行分析比较，看与这个模式相符的程度，从而对其绩效进行评价。

7. 考评数据的保存

考评数据的保存应该满足考评工作的要求，根据需要能迅速检索，及时调用，这对考评工作的有效运作是至关重要的。因此，在处理考评数据时，应当建立检索目录，并定期进行归类整理，因为按类归档存档的考评数据，更能方便查找和使用。

考评数据和资料必须保存一定的时间，以满足企业人力资源管理的需要，至于时间的长短，根据各个单位的需求有所不同，每个单位应有保留数据的规定，统计的信息必须保留到统计汇总取得了正确的结果，每年要对所存储的考评数据和资料进行一次全面的检查，识别出哪些是要保留的资料，哪些是没有保留价值应当清理的资料，员工的考评数据和资料，必须注意保密。

8. 绩效考核的反馈

绩效反馈的目的是让被考核者了解自己在本绩效周期内的业绩是否达到

所定的目标，行为态度是否合格，让管理者和被考核者双方达成对评估结果一致的看法，双方共同探讨绩效未合格的原因所在，并制订绩效改进计划，同时，管理者要向被考核者传达组织的期望，双方对绩效周期的目标进行探讨，最终形成一个绩效合约。由于绩效反馈在绩效考核结束后实施，而且是考核者和被考核者之间的直接沟通，因此，有效的绩效反馈对绩效管理起着至关重要的作用。

各部门考核执行人应根据考核结果的具体情况，听取有关被考核人对绩效考核的各方面意见，并将意见汇总上报人力资源部。绩效考核的重要目的之一就是员工技能的开发与提高，因此，绩效评价的结果应及时反馈给被考评者，让被考评者了解自己通过考核后的成绩，了解组织对他的看法与考评，从而发扬优点，克服缺点。

（1）召开考评总结会：召开考评总结会的目的，是把绩效考评的结果以及该结果将被使用的情况告知员工，进行绩效反馈，将考评结果反馈给被考评者，有助于增强考评的透明度和公开性，有利于激励被考评者，从而完成既定的考核目的。

（2）绩效面谈：绩效面谈是业绩考评结果的反馈手段。若只作考评，而不将考评结果反馈给被考评者，则考绩失去了它极其重要的激励、奖惩与培训的功能，因而考绩结果的反馈是十分重要的。面谈是考绩结果反馈的主要方式之一，表 9-3 为某企业员工绩效考核反馈面谈记录表。

表 9-3　企业员工绩效考核反馈面谈记录表

姓名		部门		职位	
面谈内容（以下由面谈人填写）					
1. 本月个人绩效指标完成情况：					
2. 本月绩效未完成指标原因咨询：					
3. 被面谈人对考核的意见或建议：					
4. 面谈人对被面谈人下一步工作的改进建议：					
面谈人签名		被面谈人签名		面谈日期	

续表

姓名		部门		职位	
说明	1.绩效考核面谈表的目的是了解员工对绩效考核的反馈信息，并最终提高员工的业绩； 2.绩效考核面谈应在考核结果出来后一周内由部门主管面谈，并报人力资源部备案。				

02　考核结果的反馈与申诉

考核结果出来后，经各部门会签，数据核对无误，考核结果就可公布了。公布考核结果，可采用分部门公布，用企业公共信息平台，如 OA，或者公告共享，这样做的目的，一是可以体现考核数据的真实性；二是做到公平、公正、公开；三是表彰绩效成绩好的，促进绩效成绩差的。

1. 绩效申诉流程

（1）提交申诉：被考核者有权利了解考核的成绩，如对考核结果不服，可以按照本制度规定的程序进行申诉，考核申诉的有效期为考核结束后的一个星期之内，被考核者进行绩效考核申诉时需填写《绩效考核申诉表》，交至人力资源部。

（2）申诉受理：人力资源部接到员工绩效考核申诉后，应作为独立的第三方向员工直接上级的上级领导、员工直接上级和员工了解情况。进行调查核实，并将具体情况反映给员工所在部门经理，由被考核者所在部门经理对其结果进行复查。综合部与员工所在部门经理、员工三方共同协商并寻求解决的办法。

（3）申诉处理：人力资源部在接到申诉后的 4 个工作日内给予员工答复，并做好相应的记录存档。

申诉流程如下图 9-1 所示。

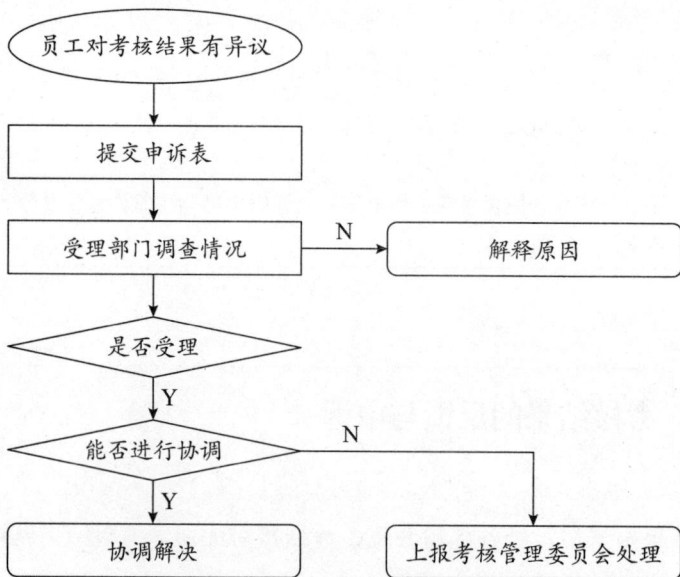

图 9-1 绩效申诉流程图

2. 绩效投诉实操

绩效异议或者投诉是在实施绩效过程中都会遇到的问题，这里谈一些实操经验，仅供大家参考。

（1）绩效流程必须纳入绩效约定和绩效沟通，这是减少绩效异议或者投诉的有效办法，也是绩效流程里的要求，不过很遗憾的是很多企业都在打分，从绩效的整个过程来看，绩效指标的设定是自上至下的强制分布，没有自下至上的约定反馈，而在工作完成后出现未能达标也就成了正常，造成被考核人情绪的严重不满，甚至投诉离职。还有一个很明显的现象就是没有绩效沟通，绩效评估会大都是一言堂，有些领导不会沟通甚至成了批判大会，还有部分企业就没有绩效评估会议流程强制要求，高层跟中层，中层跟基层主动沟通少之又少，绩效流于形式，负面影响颇大，异议投诉满天飞，人力资源部门苦不堪言，却又无可奈何。凡事预则立，不预则废，大伙在设计绩效的时候一定要将绩效约定和绩效沟通在流程里进行强制设定，让企业养成习惯，形成氛围。

（2）面对投诉人力资源部门需要接招、化招，面对投诉的时候人力资源部门往往会出现不接招的情况，因为他们觉得绩效主体是各部门，绩效评定也是各部门主管，绩效沟通也该是他们自己解决，这种想法就是错误的。在面对投诉的时候首先要接招，安抚员工，缓解下该员工的紧张情绪，然后你再和员工沟通，学会嫁接事情进行了解。比如，先从部门绩效谈起，再挑重点员工咨询情况，最后人力资源部起个黏合剂的作用，两头互赞或者求得双方的谅解和宽容。

（3）正式渠道推招，投诉的流程有的设计成员工与主管申请复议，有的设计成申请人力资源部或者绩效委员会进行复议，员工有投诉时走正式渠道进行复议，会给员工带来冲击，但是发生部门绩效考核多次背离绩效初衷的时候，员工也打算不干的时候，就应鼓动员工走绩效投诉流程。投诉流程最好设计成员工直接向人力资源部或者绩效委员会申请复议，到时候人力资源部可以启动申诉流程，用公司的压力强制该部门主管克制自己实施绩效时的偏差。

（4）绩效投诉是对绩效实施过程中产生的不足而做出的有效补充和完善，利用好会彰显绩效管理的力量，利用不好就会给绩效实施带来阻力，甚至认为人力资源部门设计的绩效方案或者流程不合理，如表9-4所示。

表9-4　绩效考核成绩申诉表

编号：　　　　　　　　　　　　　　　　　　日期：　　年　　月　　日

姓名		部门		职位		备注	
申诉要点		申诉原因		期望结果			
人力 资源部 意见							
绩效 委员会 决议							

【实操案例】

杭州某汽车销售有限公司绩效考核结果的申诉制度

绩效考核的结果公布后，员工对绩效考核结果有异议的，可以提出申诉，人力资源部接到申诉后，必须分别同被考核人、考核人以及考核人上级领导了解真实情况，人力资源部应该分别与考核人和被考核人面谈，商量解决办法，对提出申诉的员工，应该把申诉信息放在其档案中备查，人力资源部应该在员工下一次考核前解决其申诉问题。绩效考核结果申诉过程如下：

（1）如果员工对部门考核结果有异议，可以向人力资源部申诉。

（2）人力资源部绩效专员接受员工的投诉，进行登记了解情况，调查核实。

（3）人力资源部门根据实际情况和公司的相关制度对员工投诉表签署意见，提出建议。

（4）绩效委员会领导对员工申诉进行调查，必要时应与申诉员工主管沟通，无异议时，根据调查结果签署意见。

（5）档案管理员把员工绩效考核档案交于人力资源部，为综合评价和人事决策做参考。

03 考核面谈的技巧与实施

绩效面谈是绩效考核过程中最重要的一个环节，是业绩考评结果的反馈手段，若只作考评，而不将考评结果反馈给被考评者，则考绩失去了它极其重要的激励、奖惩与培训的功能，因而考绩结果的反馈是十分重要的。面谈是考绩结果反馈的主要方式之一。

1. 绩效面谈的方式

（1）计划面谈：在绩效考核初期，上级主管与下属就当月绩效计划的目标和内容，以及实现目标的措施、步骤和方法进行的面谈。

（2）指导面谈：在绩效考核活动的过程中，根据下属不同阶段上的实际表现，主管与下属围绕思想认识、工作程序、操作方法、新技能培训等方面的问题所进行的面谈。

（3）考评面谈：在绩效考核末期，主管与下属就当月绩效计划的贯彻执行情况，以及其工作表现和工作业绩等方面所进行的全面回顾、总结和评估。

（4）总结面谈：在当月绩效考核活动完成之后，将考评结果以及有关信息反馈给员工本人，并为下一期绩效考核活动创造条件的面谈。

2. 绩效面谈的类型

（1）单向劝导式面谈：它是通过对员工现实工作行为和表现剖析，说明哪些行为是正确的、有效的，哪些行为是错误的、无效的，根据工作说明书，尽可能说服下属，让他们接受并提出新的、更高的工作目标，不断提升其绩效水平。采用这种面谈方式，对于改进员工行为和表现，其效果是十分突出的，尤其适用于那些参与意识不强的下属。但由于这种单向性的面谈，缺乏双向的交流和沟通，容易堵塞上下级之间的言路，难以给下属申诉的机会，使沟通渠道受阻。使用这种方式要求主管具备劝服员工改变自我的能力，并且能够熟练运用各种激励下属的模式和方法。

（2）双向倾听式面谈：这种面谈形式，为下属提供了一次参与考评，以及与上级主管进行交流的机会，在面谈中，首先要求下属回顾总结自己的工作，其次上级主管根据下属的自评报告，在综合归纳各方面考评意见的基础上，提出自己的看法，并作出总体的评估，最后再听取下属的意见，应当给下属充分地发表意见的机会，使其毫无顾忌地表达自己对考评结果的直接感受和真实看法，遇到不同意见时，也应当允许下属保留自己的看法。采用这种面谈方式时，上级主管应具有与员工沟通其工作优缺点的能力，要求主管能够认真地倾听员工的不同意见，对员工的陈述或过激的言辞不予反驳，不加评论，以缓解员工的抵触情绪，采用这种方式，可以在员工受到挫折时，减少或消除员工的不良情绪。

（3）解决问题式面谈：使用解决问题的面谈方式时，应创造一种活跃的、开诚布公的，能够进行有效交流的环境和氛围，主管应倾听员工的陈述，对员工的感受作出正确的回应，并针对上次面谈以来员工所遇到的困难、需求、工作满意度等各种问题，逐一进行剖析，以达成共识，从而促进员工成长和发展。在本次面谈中，对下属所遇到的困难和提出的问题，应当抓住主要矛盾，深入进行讨论和剖析，寻求解决问题的途径，提出具体措施和办法，并在此基础上，帮助下属提出改进工作绩效的计划和目标。

（4）综合式绩效面谈：所谓综合式绩效面谈，也就是在一次面谈中，采取灵活变通的方式，从一种面谈形式转换过渡到另一种面谈形式。例如，单向劝导式面谈适用于评估绩效计划目标的实现程度，而解决问题式面谈更适用于促进员工潜能开发和全面发展，将两个目标区分开进行面谈显然需要耗费很多时间和精力，如果采用综合式绩效面谈可以"一箭双雕"，效率较高。

3. 提高绩效面谈质量的措施与方法

（1）拟定面谈计划，明确面谈的主题，预先告知被考评者面谈的时间、地点，以及应准备的各种绩效记录和资料。

在绩效面谈之前，考评者必须明确本次绩效面谈的目的、内容和要求，即需要明确本次面谈主要交流和沟通的主题是什么，通过面谈要达到什么样的目的，解决什么样的问题，要保证绩效面谈的质量，不但考评者要有充分的思想准备，被考评者也应当有充分的准备，考评者应在面谈的 1–2 周之前，以文字通知的形式预先告知被考评者，具体说明绩效面谈的内容、时间、地点，以及应准备好的各种原始记录和资料，同时，考评者还必须以口头的形式，将上述要求亲自通知到每个被评估者，再次做出确认，以使绩效面谈的准备工作真正落到实处。此外，在面谈通知中一定要给被考评者提供明确的信息，如面谈是单向的还是双向的？下属可否对上级主管的工作表现或本单位的绩效进行评述，等等。虽然借助于文字和口头的通知方式，会增加一定的工作量，但却是十分必要的，如果参与绩效面谈的双方，都能预先做好思想、技术、物质上的准备工作，各尽其职，将会使绩效面谈具有更积极的意义。

（2）收集各种与绩效相关的信息资料。

绩效面谈的质量和效果不但取决于考评者与被考评者事先的准备程度，更重要的是取决于双方所提供的数据资料的翔实和准确程度，在绩效面谈中，如果主管与下属之间不是以反映客观绩效的真实数据资料为依据，那将是主管列举不出确凿的数据说服下属，下属列举不出足够的事实证明自己，从而使绩效面谈失去意义。

4. 提高绩效面谈有效性的具体措施

在绩效考核的过程中，由于目的不同，所采用的绩效面谈方式也不同，各级主管应该有能力根据考评的目的和要求，以及不同下属人员工作岗位的性质和特点，决定采用一种或多种面谈形式。在绩效面谈中，仅仅要求员工回顾和总结自己的工作绩效是不够的，还必须使考评双方对组织的状况和下属员工的绩效，有深入、全面、具体、清晰的认识，时时保持清醒的头脑，不因一时的成功，取得成绩而骄傲自满，也不应因遇到眼前的一点失败，就灰心丧气。因此，绩效面谈必须反馈有效的信息，考评双方只有掌握完全的信息，真正地把握问题的要害，才能明确应当从何处入手，以何种方式更好地解决问题，提高员工的工作绩效，使企业目标得以实现。

（1）有效的信息反馈应具有针对性

在绩效面谈中，考评者所回馈的信息不应当是针对某个被考评者，而应当针对某一类行为，并且这种行为应当是员工通过自身的努力，能够改进，并可以克服的。例如，指出某个人某一种工作行为是无效的，比批评他本人如何不成大器，如何没有出息、不争气要更为恰当，因为工作行为有改变的可能性，而后一种评价则暗指个人固有的个性特征。

（2）有效的信息反馈应具有真实性

在绩效面谈中，反馈的信息应该"去伪存真"，是经过核实和证明了的，一个最简单的验证方法，就是让参与者再复述一下所传输信息的内容，看看是否与考评者最初的看法有所不同，不管上级主管出于何种认识、想法和目的，信息反馈总是会给下属带来一定的压力，极容易使信息接受者产生曲解和误会。此外，有效的信息反馈不仅要具有真实可靠性，还应使其明确、具体和详细，防止过于简单化的表述。

（3）有效的信息反馈应具有及时性

信息反馈的有效性的一个重要表现就是它的及时、迅速性，如果能针对被考评者的近期行为提出一些及时的、有意义的信息反馈，将会对工作绩效的改进具有较大的裨益。

（4）有效的信息反馈应具有主动性

无论是考评者还是被考评者，都应当提高采集和接受绩效信息的主动性和积极性，特别是对被考评者来说，主动获取信息反馈比被动地接受更为有效，为了不断地提高自身素质和工作绩效，被考评者应主动提问，寻求上级主管的信息反馈，请求考评者给予必要的解释和说明，以便及时纠正不正确的工作行为。

（5）有效的信息反馈应具有适应性

这里说的适应性，有多种含义，一是指反馈信息时要因人而异，应适用于被考评者。二是有效的信息反馈是为了交流和沟通某种绩效的信息，而不是给下属提出某种指令和要求。三是有效的信息反馈应集中于重要的、关键的事项。四是有效的信息反馈应考虑下属的心理承受能力。

不管采取了多么有效的信息反馈形式，为了使员工工作绩效达到要求，还必须采取相应的配套措施，因为改变员工的行为是一件很艰难的事情，但许多上级主管却忽视了配套措施，认为只要填写了绩效考评的表格，就万事大吉了，直到下一次考评时，才想起查对一下过去的考评记录。相反，有效率的管理者绝不会"浅尝辄止"，他们一定要将绩效考核进行到底，并辅之以必要措施和手段，如薪酬、提升、激励、惩罚等，最终促进组织与员工绩效的提高。

04 绩效考核的改进与发展

所谓绩效考核改进就是指确认组织或员工工作绩效的不足和差距，查明产生的原因，制订并实施有针对性的改进计划和策略，不断提高企业员工竞争优势的过程。

设计并构建企业的绩效考核体系，通过培训各级主管掌握绩效面谈的技巧，能够使绩效信息得到有效实施反馈，这一系列活动可以有效提高绩效考核的实效，形成实际意义上的生产力。

1. 分析工作绩效的差距与原因

（1）分析工作绩效的差距：

在对员工绩效进行考评时，不但要对员工绩效计划的实施情况进行评价，分析其工作行为、工作结果，计划目标实现的程度，还要找出其工作绩效的差距和不足，具体方法有：

第一，目标比较法：它是将考评期内员工的实际工作表现与绩效计划的目标进行对比，寻找工作绩效的差距和不足的方法。例如，某业务员绩效计划的目标是当月销售目标达到 800 万元，实际只完成了 780 万元，实际与计划相比，有 20 万元的差距。

第二，水平比较法：它是将考评期内员工的实际业绩与上一期（或去年同期）的工作业绩进行比较的方法。例如，某车间上个月考评时，产品一次抽查的合格率为 98%，而本月该车间的产品一次抽查的合格率为 96%，比上个月少了 2 个百分点。

第三，横向比较法：为了查找工作绩效上的差距和不足，除了可以采用上述的目标比较法和水平比较法之外，还可以在各个部门或单位之间、各个下属成员之间进行横向对比，以发现组织与下属员工工作绩效实际存在的差距和不足。

（2）查明产生差距的原因

在找出员工工作绩效的差距之后，各级主管还应当会同被考评者，一起查找和分析产生这些绩效差距的真正原因，因为绩效管理的目标是要不断地改进工作，提高组织与员工的业绩水平。

2. 制定改进工作绩效的策略

在查明绩效存在的差距以及产生的原因之后，在新一轮绩效考核期内，可从组织的实际情况出发，制定并采取以下策略，促进工作绩效的改进与提高。

（1）预防性策略与制止性策略

预防性策略是在员工进行作业之前，由上级制定出详细的绩效考评标准，明确什么是正确的、有效的行为，什么是错误的、无效的行为，并通过专门系统性的培养和训练，使员工掌握具体的作业步骤和操作方法，从而可以有效地防止和减少员工在工作中出现重复性差错和失误。

制止性策略是对员工的工作劳动过程进行全面的跟踪检查和监测，及时发现问题，及时予以纠正，并通过各个管理层面的管理人员实施全面、全员、全过程的监督和引导，使员工克服自己的缺点，发挥自己的优势，不断地提高自己的工作业绩。

（2）正向激励策略与负向激励策略

正向激励策略是通过制定一系列行为标准，以及与之配套的人事激励政策，如奖励、晋级、升职、提拔等，鼓励员工更加积极主动工作的策略。

采用正向激励策略时，必须制定高精度高水平的工作行为和表现的衡量指标和标准，如若采用行为观察法，首先，就应该设计出可行性和适应性强、精度较高的行为观察量表，才能保证绩效考评的精度；其次，必须让组织中所有员工对行为标准有明确了解，制订出具体的实施计划，并对实现和达到计划目标后所应受到的奖励做出具体详细的规定。

对达到和实现目标的员工所给予的正向激励，可以是物质性的，也可以是精神性、荣誉性的，可以采用货币的形式，也可采用非货币的形式。激励的形式和内容具有多种类型和多样化的特征。例如，我国有些企业曾采用过"工时奖励"的制度，即员工只要在规定的期限内完成上级下达的计划指标和工作任务，至于他们在何时上下班，如何倒班，如何考勤，企业不再过问。采用这种激励方式受到一线员工的普遍欢迎，同时还在一定程度上提高了工作的质量和数量。

负向激励策略，也可以称为反向激励策略，它对待下属员工与正向激励策略完全相反，采取了惩罚的手段，以防止和克服他们绩效低下的行为，惩罚的手段主要有：扣发工资奖金、降薪、调任、免职、解雇、除名、开除等。

无论采用何种激励策略，人力资源部门及其各级主管都应当认真地做好以下基础工作：健全完善企业各项规章制度，特别是与绩效考核有关的培训、奖惩等人力资源管理制度。任何组织要保证其高效率地安全运行，必须以健全完善的规章制度为依托。

为了保障激励策略的有效性，应当体现以下原则要求。

- 及时性原则。无论是正向激励还是负向激励，都要尽早、尽快执行，如果"时过境迁"，时间拖得过长，再大强度的奖励或处罚也将失去意义。
- 同一性原则。在任何时间对任何人，采用同一尺度进行衡量，所得到的奖惩不能有严有松、前后不一，应当始终保持一致，确保奖惩的同一性和公正性。

- 预告性原则。对员工的奖惩，应当贯彻"预先告诉、清楚明确、详细具体"的原则，使他们无论对成绩还是对失误都有所警觉，有所感悟，特别是那些已经出现多次失误的人，尽早地劝导和告诫，不至于使其越陷越深而无法自拔。

- 开发性原则。对各种激励策略的贯彻执行者来说，为了提高激励策略的有效性，必须重视对他们的培训和管理技能的开发，使他们能够熟练地掌握具体的方针政策与激励的技术技巧，并不断地总结成功经验和吸取失败的教训。

（3）组织变革策略与人事调整策略

大量的事实证明，有时员工的绩效低下并不是其主观因素造成的，可能是由于组织制度不合理、运行机制不健全等原因造成的，这时需要采取组织变革的策略，通过系统的组织诊断，找出存在的问题，有针对性地进行组织的整顿和调整，从而为员工工作绩效的提高创造优化的环境，提供组织上的保障。

当绩效管理发展到一定的阶段时，可能会出现员工绩效停滞不前或各种措施失效的情况，这时，作为人力资源部门或上级主管人员不必惊慌失措，应当冷静面对，采取应急性人事调整策略，如劳动组织的调整。有时员工工作绩效不高，并不是员工的劳动态度和劳动能力存在问题，可能是由于分工与协作方式、工作地的布置、劳动条件和环境等因素，造成员工心理和生理上的压力，才使绩效下降，如果采取有效措施，对劳动组织进行必要调整，变换作业环境和方式以后，员工工作绩效也将会发生新的变化。

岗位人员的调动。有时组织中工作绩效不高，可能是个别人员的问题，如对工作岗位不适应，与同事工作作风、习惯不适应等，这时可以调动员工的工作岗位，将其安排到其他更适合的岗位上去工作，可能会使其绩效明显提高，即所谓"人挪活，树挪死"的道理。

前面已经较为广泛地分析了绩效考核的意义和作用，事实很清楚，员工的绩效考核几乎与企业所有的人力资源管理事项和功能都密切相关。事实上，在企业人力资源管理的实践中，绩效考核是企业一个非常重要的检测手段，它不仅可以检验员工的士气、工作态度、技能水平、素质状况和岗位适应度，也能显示和反映企业领导行为方式、企业经营管理状况、组织结构的合理性、团队及敬业精神、凝聚力程度等方面的实际情况。总之，为了加强企业人力资源管理，对绩效考评进行定期的总结是十分必要的，主要应围绕以下重点展开：

- 为企业提供薪酬方面的相关信息；
- 为员工的晋升、调动等人事计划的制订提供依据；
- 对企业员工士气和工作氛围进行评估，完善企业文化建设；
- 对部门及员工的业绩做出评估，提出改进的方针和措施；
- 不断挖掘企业员工的潜力，探索实现员工与企业共同发展的途径和方法；
- 分析员工总体素质状况，进行培训需求分析，提出员工技能开发的改进措施和计划。

05 老 HRD 的经验分享

面谈诀窍

1. 面谈对事不对人

谈话焦点应置于以硬数据为基础的绩效结果上，即摆出量化的事实，使被考评者信服，而不是一味地责怪和追究被考评者的责任与过错，也即要强调客观结果，然后说明被考评者实际取得的绩效与组织要求的目标尚有差距，最后，双方共同来查找差距的原因。

2. 面谈谈重点

不作泛泛的、抽象的一般性评价，而是要拿出具体结果、援引数据、列举实例来支持结论，同时说明考评者希望看到的改进结果。如"这回你们部门的计划工作可很不理想，你瞧瞧人家完成的生产产量，再对比你们部门的，与最好的可是相差 2 倍之多；再说，你们连下达的生产计划也未完成，计划达成率仅为 90%" 要比 "你们部也太糟糕了，与别部门相比相差也太远了，你这经理也太差劲了" 效果要好。因为它一方面摆出了数据事实，另一方面说明了组织对该部门的基本要求和更高的期望。

3. 诊断原因更重要

发现问题的最终目的在于找到解决问题的方法，而解决问题的方法需要针对问题产生的原因，所以发现问题后不要绕过对病因的挖掘，而是要和被考评者一起分析问题产生的原因。

4. 保持双向沟通

在寻找问题产生的原因和探索解决问题的措施时，要坚持双向沟通，切忌单方面说了算，否则只会激起被考评者的抵制心理而不是对解决问题的热情。

5. 制订改进计划并具体落实

找出解决问题的措施后，要上下共同商量拟定有针对性的改进计划，并多拟几套以作备用，同时改进计划尽量具体、量化，且带有激励性。

6. 针对面谈对象的不同，面谈处理技巧也有所不同

（1）对优秀的下级：实际工作中，这类面谈较少。若有，面谈气氛会很融洽，面谈也顺利，但要注意两点：一是要鼓励下级的上进心，为他定好个人进一步发展的目标与计划；二是不要急于许愿，如答应何时提拔他或给予他某种特殊的奖励。

（2）对绩效差的下级：面谈中要注意下级情绪的变化，双方要从主、客观两方面去寻找产生问题的原因，切忌不问青红皂白，认定绩效差完全是这位下级主观上的过错。

（3）对进步不大的下级：考评者应开诚布公，让被考评者意识到工作中存在的不足，进而跟其讨论是否现职不太适合他，是否需要更换工作岗位，同时还要让他意识到自己有哪些不足。

（4）对过分雄心勃勃的下级：过分雄心勃勃的下级，往往会急于要求被提升和奖励，尽管他们从客观上看此时尚未进展到相应程度。所以，对此考评者要耐心开导，用事实说明他们尚有一定的差距，需要继续努力。当然，对被考评者的雄心不能泼冷水和说些伤自尊心的话，同时还要注意不能让被考评者产生错觉，以为达到某一目标就一定马上能获奖或提升。

（5）对年长的、工龄长的下级：对这类下级一定要特别慎重。首先要肯定他们过去对组织所做的贡献，然后对他们未来的出路或退休的焦虑表示关切，尽量不要在他们面前表扬年纪轻、资历浅但绩效突出者，这样会使他们的自尊心受到伤害。

（6）对易发火的下级：首先要耐心地倾听这类下级的发泄，从中觉察出他们发泄的原因所在，然后一起分析、找出解决问题的方法。

H小贴士
Human Resources

绩效考核就是四句话：提升员工价值、提高企业产值、增长员工工资、增加企业利润。

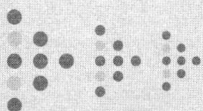

第 **10** 章

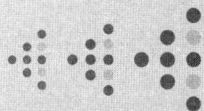

绩效闭环，考核数据分析总结

环比分析掌握绩效的有效性

定量指标五大要素促进增长

定性指标五大角度考核维度

绩效闭环五大体系防止漏洞

绩效改进三大要素考核落地

目前，管理新理论、新工具和新方法层出不穷，有许多企业对绩效考核理解得不透，误以为导入绩效考核就能很好地调动员工的积极性和创造性，就会产生良好的效益，因而迫不及待地盲目过早地使用，或者使用时方式操作不当，导致在国内许多企业大多以失败或者流于形式告终，收益甚微，有时适得其反，并对这种管理工具失去信心或产生怀疑。

今天我们许多从事人力资源管理的同行们，以及受到一些顾问专家等影响的老板，都想在企业推行绩效考核后，市场形势一帆风顺，考核效果立竿见影，人力成本马上减少，如果不是这样，就会认为绩效考核没用。作为推动绩效考核的主管部门，我们要去检讨绩效问题所在，寻找考核指标不达标的改善办法，收集的考核数据做到真实有效，利用考核数据进行分析，使绩效考核在企业能够被顺利推动下去。

01 绩效考核结果分析改善

绩效考核是指各级管理者和员工为了实现组织战略目标，共同参与绩效计划制订、绩效监控沟通、绩效考核评价、绩效结果应用、绩效目标提升的闭合循环过程，为此要建立"五化"体系。

1.着眼于目标量化，建立目标指标体系，推动企业资源全优化聚焦，解决"干什么，干到什么程度"的问题。

在设计指标时，要把握好几对关系：数量指标与质量指标，肯定性指标与否决性指标，技术性指标与民主性指标，客观性指标与主观性指标，支出指标与回报指标，工作指标与业绩指标，行政成本指标与业务成本指标，个体指标与团队指标等。由于这些目标指标具有经常的变动性，因此，在建立绩效指标体系时应该有一定弹性和灵活性，并不断接受反复检查和修改。

2. 着眼于职责细化，建立职能责任体系，推动公共部门全战线行动，解决"谁来干"的问题。

（1）从"三向到位"维度实现责任分解，分别由部门一把手亲自负责，按照组织架构，坚持纵向到底、横向到边、定向到位的原则，从三个维度进行责任分解；

（2）从"三线并进"途径建立责任契约，将责任层层明确，在指标分解过程中，采取签订责任书的形式并予以落实。责任书的内容主要包括：承担的指标、指标得分权重、重点工作、计分办法、奖惩办法等。

3. 着眼于督导"动"化，建立跟踪反馈体系，推动企业全过程调控，解决"干到什么进度"的问题，建立跟踪反馈体系的重点是动态跟踪和过程控制，是保证目标完成、达成绩效的关键环节。

4. 着眼于对指标优化，建立评估改进体系，推动各项工作全方位超越，解决"怎么干，干到什么标准"的问题。

5. 着眼于兑现硬化，建立考核激励体系，推动管理人员全身心投入，解决"干好干坏对责任者怎么样对待"的问题。

当然，上述"五个体系"闭环管理推行也有一些客观与主观难度，但作为一种科学的管理工具，可以在推行中不断修正与完善。

绩效考核到了这个阶段，就是持续改善绩效的过程，改善绩效即绩效的改进，是指确认工作绩效的不足和差距，查明产生的原因，制订并实施有针对性的改进计划和策略，不断提高竞争优势的过程，即采取一系列行动提高员工的能力和绩效。绩效改善的三大关键要素是：

（1）绩效改善以解决组织绩效问题、提高组织绩效为目标，考虑到组织是一个整体系统，为达到该目标，绩效改善需要从绩效的三个层次出发，通过提高个人和部门的绩效，进而提高组织整体的绩效。

（2）绩效改善需要系统化与整体化的思维与方法，把组织当作一个系统，既要充分分析组织的各个构成因素及其之间的关系，也要分析组织与环境之间的关系，同时，需要通过分析、设计、开发、实施和评价等系统化的程序和流程，形成解决组织问题、迎接组织挑战的具体策略方案。

（3）绩效改善不拘泥于一种方法或技术，强调通过分析问题及原因，评估收益与成本比率，经济地解决绩效问题，从而把握市场机遇，提高组织绩效。

02 | 绩效指标考核结果审计

1. 定量指标

定量指标是可以准确数量定义、精确衡量并能设定绩效目标的考核指标。在定量评价指标体系中，各指标的评价基准值是衡量该项指标是否符合生产基本要求的评价基准。

（1）主要分类

定量指标分为绝对量指标和相对量指标两种，绝对量指标如销售收入，相对量指标如销售收入增长率。

（2）五大要素

定量指标的五要素，是指指标定义、评价标准、信息来源、绩效考核者和绩效目标。指标定义就是对指标的详细解释及如何计算的说明；评价标准是如何计算绩效考核指标得分的详细条款；信息来源指绩效考核信息来自何处；绩效考核者指由谁负责制定绩效目标并实施考核；绩效目标是在考核期间应该达到的指标数值。

定量指标是比较客观、有效的考核指标，其中绝对量指标可以是产能、质量、时间以及其他数量，相对量指标可以是任何同单位数量的比值。一个数量结果指标是否合理、有效，指标的五个要素是非常关键的，尤其是评价标准和绩效目标是相互关联的，设计指标时要尤其注意。此外，选择绩效考核标准的评分方法也很关键，要选择合适的评价方法，以使考核结果公正、公平，实现有效激励。

（3）制定方法

定量指标有两种制定评价标准的方法：一种是加减分法，另一种是规定范围法。

加减分法：采用加减分法确定评价标准，通常适用于目标任务比较明确，任务完成比较稳定，同时鼓励员工在一定范围内做出更多贡献的情况，使用加减分法计算得分时，一般情况下最大值不能超过权重规定数值，最小值不应出现负数。加减分法是应用最为广泛的方法，根据指标是相对量还是绝对量以及其他因素，要灵活设计评价标准，不同情况下评价标准的设计应各有不同。

规定范围法：规定范围法是设计评价标准的另外一种方法，经过数据分析和测算后，评估双方就标准达成的范围进行评估得分。在某些情况下，规定范围法是比较科学、合理的，因为用加减分法设计评价标准，一般都是线性函数，而在某些情况下，可能需要不同的激励效应函数，因此，评价标准设计为指标在不同区间对应不同分数更具有合理性。无论是历史数据法还是标杆比较法，这都是在给目标制定找依据。在企业实际运作过程中，绩效目标的制定其实都是博弈的结果。目标分解过程就是一个博弈过程，所有目标的制定都是上下级充分讨论、协商的结果，其实质就是一个博弈过程。

2. 定性指标

定性指标是指无法直接通过数据计算分析评价内容，需对被评价对象进行客观描述和分析来反映评价结果的指标。

由于定性指标无法像定量指标那样精确地加以衡量和考核，因此在很多企业中，对定性指标的考核往往是凭考核者的主观印象，所以可能导致出现下面情形：要么考核结果出现偏差，不能真实地反映被考核者的实际业绩情况，引起被考核者的不满；要么考核结果"趋中"，拉不开被考核者之间的差距。无论哪种情况，如果长此以往，造成的最终后果都是不能"激励先进，鞭策后进"，丧失了考核本来应该发挥的激励作用，除此之外，这样的考核还往往在管理工作中引发一系列的矛盾和争议，造成上下级关系紧张。

而现实工作中，一些中层管理干部、职能管理人员、某些基层员工由于岗位工作的性质，使得对其考核指标，大部分甚至全部都是定性指标，定性指标的考核又成为一些管理者绕不开的问题，人力资源部在提炼绩效考核指标时，要仔细分析其工作内容，找出其关键的工作要点，然后进行准确的考核。

要使定性指标能够比较精确地进行考核，就必须尽量减少这种笼统和模糊，一种很自然的思路就是"往下细分"，找出一个大的定性指标中重要的并且可以进行具体考核几个方面，然后再针对每个方面制定具体的可衡量的考核标准。因此，制定定性指标的考核标准的总体思路就是：首先，将定性指标进一步细化成多个可考核的方面，即考核维度；其次，针对每一个可考核维度，尽量用数据和事实来制定明确和具体的考核标准。

（1）制定定性指标的考核维度，并根据重要性程度确定各维度所占的权重。

对一个定性工作的考察，不外乎通过时间、质量、数量、成本和风险五个角度，这就为我们确定定性指标的考核维度提供了很有价值的思考方法。

例如，考核维度包括计划完成率、及时性、满意度、准确性、达成率、合格率、周转次数、费用额、预算达成率、出错率、失误次数等。

需要强调的是：考核维度应当是反映定性指标完成情况的关键环节或重要方面，或是考核者对被考核者工作要求的主要方面，应该能够充分体现被考核者的业绩，此外，考核维度应该是考核者和被考核者达成一致的结果。

（2）针对各考核维度，设定具体的考核标准。

考核维度确定后就要针对每一考核维度，制定相应的考核办法和设立相应的考核标准，使考核具有可操作性，同时尽量减少主观因素对打分的影响。

以上介绍的是如何对定性指标进行考核的思路和一些具体操作方法，管理者必须要明确制定定性指标考核标准的意义，一方面，通过制定明确和具体的考核标准，使得定性指标的考核尽量客观公正、易于操作，并减少因为考核带来的争议；另一方面，也使被考核者了解上级对其工作的要求或期望，从而明确工作努力的方向。很显然，后者对管理工作的意义更为重大，因为考核不是目的，而是手段，考核的根本目的是提高员工的绩效水平，而被考核者充分了解上级对其工作的要求或期望，无疑对其高质量完成工作会起到相当重要的作用。

3. 考核结果的审计

考核结果的审计，是企业内部管理手段之一，有别于外部审计，审计是对考核资料作出证据搜集及分析，以评估企业考核状况，然后就资料及一般公认准则之间的相关程度作出结论及报告，进行审计的人员必须熟悉所审计部门的业务情况，有独立性及具相关专业知识。

4. 公示考核结果

在考核结束后，及时公布考核成绩，给各部门下发整改通知书，使部门、员工认识到自己在考核期内主要的工作成绩与不足。月度预兑现，年终总兑现，提高了员工的工作积极性和主观能动性，重点突出岗位劳动和业绩贡献，员工的收入与其岗位责任、技术水平、劳动业绩挂钩，完全打破了以往论资排辈、好坏一样、平均主义等诸多弊端，使绩效工资真正起到对职工的激励作用，从而改进和提高工作效率。

03 考核优秀员工表彰奖励

不少企业为了加强员工管理工作，都会在特定的时间比如每月、半年度或年度进行优秀员工评选，那么，优秀员工评选标准是什么？每个企业设定的标准都不一样，不一样的要求就会培养出不一样的员工，员工的差异体现在企业文化的不同。

1. 优秀员工评审标准

每一个企业都有自己的企业文化，根据企业环境不同、产品不同，而形成企业独特的价值观与员工素质，我们除了在定量上对员工进行考核外，还应在定性上对员工进行评价，这就需要一套评价标准，来衡量一个员工是否合格或优秀，如图 10-1 所示：

A品质态度	B业务能力 低	B业务能力 中	B业务能力 高
高	三级员工改善绩效，制订培训计划	二级员工薪酬奖励	一级员工薪酬激励，并列入后备人员开发计划
中	三级员工改善绩效，制订培训计划	三级员工维持现有绩效	二级员工薪酬激励
低	五级员工制订绩效改善计划，脱岗培训	四级员工制订绩效改善计划，在岗培训	三级员工维持现有绩效

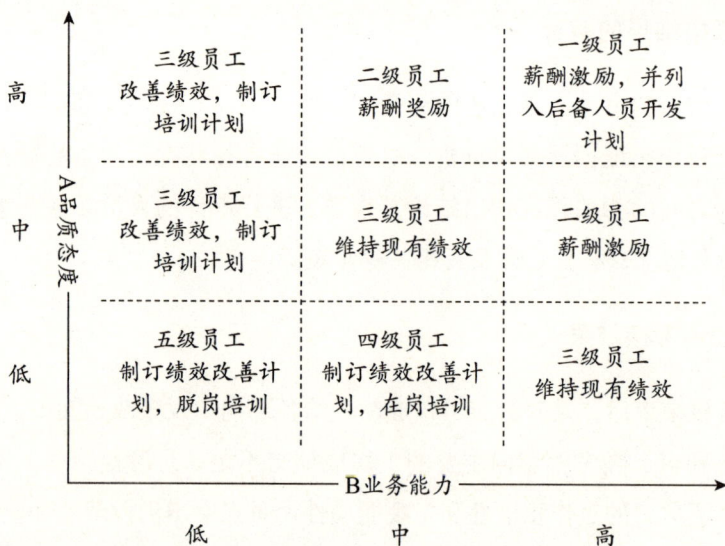

图 10-1　绩效考核优秀员工评价的矩阵模型

2. 评选流程

（1）月度优秀员工：每月 25 号各部门领导都需提报绩效考核名列前五位的员工名单作为月度优秀员工的候选人，本部门所有员工对这五名员工进行投票选举，票数最高为月度优秀员工，次月 1 号将最终评选结果张贴通报表扬。

（2）年度优秀员工：由各部门负责人于次年元月 8 号将年度优秀员工候选人名单提报至人力资源部审查，如符合公司年度优秀员工标准的，经绩效考核委员会讨论确定，报总经理审批，在年度总结表彰大会上给予奖励，并于公告栏上公布。

3. 奖励标准

（1）每月绩效考核成绩良好，被评为月度优秀员工，记嘉奖一次，奖励100 元。

（2）连续或累积三个月被评为月优秀员工者，将予以提报年度优秀员工，并奖励 300 元。

（3）被评为年度优秀员工，将有升职机会，薪资向上调整一个等级，年终奖励 3000 元。

以上奖励标准，因企业规模不同，优秀员工人数、奖励金额可以自行调整。下面我们看看一家公司具体的优秀员工评选方案是什么样的：

【案例】

公司年度优秀员工评选方案

1. 评选目的

为全面了解、评价公司员工的工作成绩，提高工作效率，为员工创造一个积极向上的工作氛围，调动员工的工作积极性；弘扬企业文化精神，充分发掘人才、留住人才，加强员工对企业的认同感和归属感，同时也为企业的长远发展提供合适的储备人才；树立公司模范，特制订本方案。

2. 评选对象　公司正式员工

3. 评选名额　评选年度优秀员工 20 名、优秀干部 5 名（具体名额分配见会议决议）。

4. 评选流程

4.1　成立"优秀员工评审小组"，确保评选活动在公平、公正下进行，评审小组由各部门负责人组成，绩效委员会作为牵头机构。

4.2　由各部门筛选出符合评选条件的 1 名候选人，对满足条件的人员投票进行推荐。

4.3　推荐上来的候选人通过部门负责人填写《优秀员工推荐表》上报人力资源部进行汇总，经公司优秀员工评审小组确定最终确定获奖名单。

4.4　由评审小组确定人员名单后报总经理审批，总经理根据上报的结果，确认最后的年度优秀员工。

5. 评选年度优秀员工的条件

5.1　工作积极主动，热爱本职工作，吃苦耐劳，工作责任心强；

5.2　严格要求自己，自觉遵守公司各项规章制度；

5.3　具有创新精神，并在工作中有突出表现；

5.4　对本岗位工作技能熟练，并能不断学习和创新；

5.5　具有较强的工作能力，尽职尽责、高质量地完成本职工作；

5.6 本年内未受到过客户和同事投诉，本年内无扣罚记录，本年内无通报以上处分，本年内无重大过错受到处罚的；

5.7 尊重上司及同事，有良好的团队合作精神；

5.8 对客户或同事服务热情，受到过客户或同事的好评和表扬；

5.9 踏实守信，热爱公司，认同公司的企业文化；

5.10 全年迟到、早退次数不超过 10 次，事假不得超过 3 天，病假不超过 10 天，无旷工次数。

6. 考评、评审、推荐的时间

年度优秀员工的考评、评审、推荐的时间为次年 1 月 5 日至 15 日。

7. 奖励标准：

7.1 生产一线的优秀员工每人奖金 3000 元。

7.2 办公室二线的员工每人奖金 5000 元。

7.3 优秀干部每人奖金 10000 元。

8. 奖金发放： 在每年度总结表彰大会上发放。

H小贴士
uman Resources　　奖要奖得心花怒放，罚要罚得心惊肉跳。

04 | 建立末位淘汰考核机制

末位淘汰制是一个经济词汇，是指工作单位根据本单位的总体目标和具体目标，结合各个岗位的实际情况，设定一定的考核指标体系，根据考核的结果对得分靠后的员工进行淘汰的绩效考核制度，作为一种绩效管理制度在适当的条件和环境下有其积极作用。

1. 积极作用

（1）激励员工，避免人浮于事。在任何部门的工作中，激励必不可少。

缺乏激励的单位是效率低下的单位，而末位淘汰制是一种强势管理，旨在给予员工一定的压力，激发他们的积极性，通过有力的竞争使整个单位处于一种积极上进的状态，克服了人浮于事的弊端，进而提高工作的效率和部门效益。

（2）精简机构，有效分流。企业在处于人员过剩的情况下不免会有人浮于事的情况，在这种情况下，精简机构、有效分流是解决这个问题最有效和直接的办法。通过末位淘汰制，对不同绩效级别的员工实施淘汰，这样既兼顾了公平，又实现了机构的缩减。可见，在企业人员过多的情况下，实施末位淘汰是分流员工、缩减组织的有效手段。

（3）推动当前企业向前发展。企业对员工的管理大致分为三个阶段：第一阶段，人力成本阶段。企业认为员工是成本，缺乏对员工的尊重和信任。企业为了降低成本，多出效益，一味地把员工工资压低，这种阶段是最原始的。第二阶段，人力资源阶段。企业逐渐认识到员工自觉干和被动干所产生的效果是不一样的，开始重视培训，重视提高员工的能力。此阶段的企业会制定各种有关员工激励的制度，出台不同的考评办法。第三阶段，人力资本阶段。企业认识到要把人当作资产，实现资产增值。所以，目前实施末位淘汰制适应当前我国企业员工管理的现状，能够推动我国企业向前发展。

（4）有利于管理队伍建设。在企业中管理队伍建设一直是一个核心问题，在企业实施末位淘汰制，在评估指标体系中加入员工评价的因素，有效地监督管理干部，可见，末位淘汰制在推进管理队伍建设方面功不可没。总之，在企业中建立严格的员工竞争机制，实行末位淘汰制，能给员工以压力，能在员工之间产生竞争气氛，有利于调动员工的积极性，使公司更富有朝气和活力，同时有利于组织精简，从而更好地促进企业成长。

2. 消极作用

没有一种制度是完美的，尽管末位淘汰制在适当的条件和环境下会发挥其积极作用，但是从不同的角度来看，末位淘汰制也有它的负面效应：

（1）从法律的角度讲，末位淘汰制有违法的可能性。对企业和员工共同签订的劳动合同是双方的法律行为，这是在双方意愿基础上的行为，一旦订立就对当事人双方产生约束力。在合同期限未满前，任何一方单方的解除合同，都必须有法定的理由，否则就被视为违法。

（2）从科学的角度看，末位淘汰制欠科学。各个单位、部门的发展水平是不一致的，在同行业以同样的标准去评价员工，有的单位的末位可能是其他单位的首位或中上位，这正是"末位不末"，如果淘汰掉他们，即使招入新的员工，实际效果可能并不如以前，从这个角度说，末位淘汰制是欠科学的。

（3）从人格角度来看，末位淘汰制有损人格尊严，这种制度的实施必然淘汰一部分人。而作为一项制度既然存在就必须严格执行，个人不可对抗一个制度。人和人总是有差别的，作为管理者必须正视这种差别，包容这种差别，给予员工机会。而末位淘汰制从人格的角度来讲，过于残酷，对人的尊严是一个挑战。

（4）从管理学的角度来讲，现代管理崇尚"人本管理"，人本管理以尊重人性、挖掘人的内在潜能为宗旨，末位淘汰制是一种典型的强势管理，主张通过内部员工的竞争从而严加管理，可见，末位淘汰制从管理学的角度来讲是不符合现代人本管理思想的。

综上所述，末位淘汰制就像其他任何制度一样具有两面性的，既有积极的一面，又有消极的一面，我们在看到一项制度的优越性时也应看到它的不足之处，只有这样才能更全面地看待它和合理地应用它。

3. 出路

末位淘汰制作为一种制度其出路何在呢？可以从两个不同的角度来探讨末位淘汰制的出路问题。一是用之但慎用，二是不用之而用其他替代。

（1）关于慎用末位淘汰制。

鉴于末位淘汰制有优点也有缺点，所以用之应该慎之又慎。具体在实践的落实中应考虑具体企业是否具备适用的条件和环境，是否确定了科学的考评指标体系，是否建立了合理的补偿制度。

（2）关于替代末位淘汰制。

北大纵横的竞争机制是"只公布最好的"，就是由客户、上级、同事三者打分，对公司成员在工作能力、工作态度、工作成果三个方面进行评估，评出总分第一和单项第一的同事，加以公布和奖励，公布最好的优势在于容易形成一种积极向上、欣欣向荣的局面，大家在尊重与理解中竞争，共同提高，最终形成一个优秀的团队，因为最终的竞争是与竞争对手的打拼，而不是内部的你死我活。

在新经济时代，最激烈的竞争是人才的竞争，因此，大家才都强调以人为本，社会分工越来越细，因此团队精神才变得越来越重要，它增强了员工的归属感和忠诚度。"只公布最好的"在这一点上做得比末位淘汰制要好得多。

4. 执行

尽管末位淘汰制还不完美，还有很多的弊端，但是，作为一家刚推行绩效考核的企业来说还是很有必要的，至少需要推行三年才能考虑更换其他方法。

（1）末位淘汰从管理者开始：许多高级管理人员都认为管理是"向下管理，向上负责"，其实恰恰相反，管理应该是"向上管理，向下负责"，因为上司掌握所有资源，把他管理好了，那么就能得到他的资源，从而利用这些资源为企业创造价值。因此，末位淘汰应该是针对企业，针对管理者的，这样就能使企业领导想尽办法提高效率，从而促进企业的发展。

（2）末位淘汰可以从 5% 的不合格员工中选择 1% 的员工坚决淘汰掉。如果企业认为 5% 的不合格员工比例过于偏高，那么可以从这 5% 的不合格员工中，经过绩效考核委员会集体评估，选择 1% 的不合格员工进行绩效面谈，确无留用价值的，就坚决淘汰掉。

虽然淘汰了这部分员工，起到了威慑作用，但是作为绩效政策，必须坚决执行。

05　老 HRD 典型案例分析

末位淘汰制

某互联网公司，现有员工 1000 多人，是本行业有影响力的公司之一。公司最近从同行公司挖来一个人力资源副总监任总，担任本公司的人力资源总监。任总来公司后，提出了一系列公司管理上的改革方案，其中有一项力度较大的措施是，实施末位淘汰法，将年终评估中最差的 5% 解雇。对此办法，公司老板董总拿不定主意，不知道该不该采用。董总觉得公司的员工普遍表现都很努力了，实在很难从中评出最差的 5%。如果强制划分 5% 出来，董总也觉得他们不应该被淘汰。但是，任总的人力资源管理方案中，末位淘汰法是一个核心内容，并且此方法在任总原来所在公司被运用得非常有效。董总不知如何是好。

一、案例分析

这个案例主要涉及的是"末位淘汰制"是否应该使用的问题。在谈论的时候很多人认为不应该采用这样的做法，并且指出种种弊端，显得理由充分；但是另一方面，很多企业却不断开始实施这种"末位淘汰制"，甚至在一些事业单位也开始采用这一制度。

绩效考核是一种手段，其目的是提高企业的竞争力，实现企业的战略，任总之所以建议采用是因为他认为这种方法在原来的企业已经被证实实施得很成功，所以他认为在本企业也应该能成功，但是情况并非如此简单，管理上的任何技术都不会是解决所有企业问题的灵丹妙药，哪怕是最受人尊重的管理奇才用过的成功方法，在运用时都必须考虑到企业的具体情况，不可以照搬。

1. 在原则上"末位淘汰制"对企业规模有要求。在一个组织中实施末位淘汰法是假设公司员工的素质和表现符合统计学中的所谓正态分布：大多数人表现是中等，表现很好和表现不好的人都是少数。这种分布在统计对象数量巨大的时候是成立的，这家互联网企业有 1000 多人，可以实施末位淘汰，但是，对一个只有 200 多人的公司来说，员工的表现不太可能符合正态分布，并不存在所谓的表现很差的 5%。既然这样，就不应该人为地硬性找出 5% 的"最差的"，把他们淘汰。

2. "末位淘汰制"对行业特点是有要求的，进一步而言，它对所评定的工作内容的特点是有要求的，当我们淘汰这批人以后，还要从外面招聘到同等数量的员工。通常，我们很难保证新招进来的人更合适，加上招聘成本，这种"换血"大多数是得不偿失的。

3."末位淘汰制"仅适用于一定阶段的人力资源现状，也就是说，这种方法适应于某个特殊的员工群体，比如企业创业之初，管理上比较混乱，有的甚至连有关人力资源的规章制度都不健全，更谈不上建立严格的员工竞争机制。

4."末位淘汰制"要求一套健全和公正的评价体系，同时需要专业的实施人员。这里所谓的"表现最差的 5%"是企业中的评估者们评价出来的，不一定是真正的"表现最差的 5%"。

5."末位淘汰制"的实施要有一定的灵活性，考虑公司招聘与解雇员工的成本较大，从长期角度思考问题，对真正的"表现最差的 5%"也不应该一定采取淘汰的方法。

6.实行"末位淘汰制"之前，企业必须注意可能产生的法律问题，如果劳动合同中没有相关的规定，企业在今后就可能面临被起诉的危险。同时，如果企业合同里有明确规定，还要考虑这种方式对员工的士气、忠诚度、紧张情绪等方面的负面影响。

所以，董总要考虑以上六大因素，综合得出结论。另外，董总需要和任总一起充分探讨，因为前者对企业非常熟悉，后者在人类资源方面是成功的管理专家，只有两者通力合作，企业最终才能达成战略目的。

二、其他相关问题

1.关于团队精神

末位淘汰制鼓励竞争，必然对团队精神造成一定的冲击。我们知道，在现代激烈竞争的社会，靠自己单枪匹马难以成事，而只有与人合作才可能成功。那么，是要末位淘汰制还是要团队精神呢？答案是两者都要。实际上，末位淘汰制解决的是员工工作的动力、激励问题。员工只有努力工作，才不至于被淘汰，才会给自己、企业和社会带来更大的利益。团队精神在现代几乎是所有企业的核心企业文化，它主要解决个人能力的有限性问题，它把众多的人"拴"在同一个战车上，为共同的奋斗目标而工作，达到"1+1>2"的效果，最终获得多赢的结果。因此，企业在推行末位淘汰制的同时，也要注意团队精神的培养。在绩效考核时，既要重视个人业绩的考核，又要注意团队业绩的考核。同时根据考核结果对被淘汰者所在的部门也给出某种处罚，这样将个人和部门表现结合起来评价，将对企业发展更加有益。

2. 相关制度的建设

在企业中，存在各种规章制度，如招聘制度、培训制度、绩效评估制度、薪酬制度等，如果企业仅仅推行末位淘汰制，而不将原有的其他制度作相应变化，那么必定会带来新的问题。特别是绩效评估体系对"末位淘汰制"具有决定性的影响，只有制定一个客观公正的绩效评估制度，企业在推行末位淘汰制时才会收到好的效果。因此，实施末位淘汰制，不但需要推行人力资源的各项工作（如工作分析、工作评价、绩效考核、薪酬福利、招聘等），而且还要尽可能使它们相互配套，尽可能地科学和量化。

从长期来看，企业允许员工有一个相对较长的发展时间对企业的发展是有益的，如今，越是大型的国际化企业，越是倾向于把员工保留的时间长一些，因为一个真正有价值的员工给企业带来的回报是长期的和巨大的。

附件一　某（制造）公司绩效考核管理制度

公司绩效考核管理制度

1. 目的

1.1　通过建立企业绩效管理系统，设立考核目标与工作绩效挂钩的绩效考评制度，以绩效结果为导向，系统地测量、评定全体人员的工作行为和执行效果，以改善、提升公司整体绩效，促使公司战略目标有效、快速地达成，特建立本管理制度。

1.2　绩效管理与绩效考核的宗旨在于：考察员工的工作绩效；作为员工奖惩、调迁、薪酬、晋升、退职管理的依据；了解、评估员工工作态度与能力；作为员工培训与发展的参考；有效促进员工不断提高和改进工作绩效。

1.3　绩效管理是指上级为了不断提高和改善下属员工职业能力与工作业绩所做的一系列管理活动。绩效考核是指上级对直接下级的工作结果进行定期的评估，是绩效管理的一个重要环节。绩效管理和绩效考核是各级直线管理者不可推卸的责任。

1.4　人力资源中心负责指导、监督和提供技术方面支持。员工绩效管理与绩效考核的档案，是公司重要的人力资源中心管理基础性材料，必须妥善保管。

1.5　本制度规定的绩效管理与绩效考核的责任主体是各职位的直接管理者，不采取全方位考核的方式，但上级管理者拥有员工考核结果调整的权力。

1.6　各级管理者必须强化对绩效管理与绩效考核的观念，牢固树立绩效管理与绩效考核的责任意识，包括：员工的业绩就是管理者的业绩；各级管理者是员工责任的最终承担者；不断提高和改善下属的职业能力和工作业绩，是管理者不可推卸的责任；在绩效管理与绩效考核过程中，下属必须始终保持高度的参与性，各级管理者必须随时与下属进行沟通。

2. 范围： 公司全体计时管理干部。一线员工的绩效考核方案参照此管理办法。

3. 考评的周期： 月度绩效考核：以自然月作为工作考评周期；年度绩效考核：以自然年作为工作考评周期。

4. 职责

4.1　人力资源中心为绩效考核体系实施的组组者与判定者。负责协助各部门建立绩效考核指标与考评规则；组织建立各项绩效考评数据来源报表的标准化《绩效考核指标数据来源汇总表》，并对接相关部门进行定时输出；组织各部门按考评周期实施绩效；报批绩效考核结果，并反馈部门负责人；受理绩效考评投诉和处理；绩效结果的应用；建立与保管绩效考评档案。

4.2　数据来源部门为绩效考核指标关联数据的提供者。负责各项绩效考评数据报表准时、标准、准确输出；负责对绩效考评数据报表的最终解释。

4.3　各个部门为绩效考核执行的主体者与被考核者。负责部门绩效考核指标的公式、定义、权重、目标值、配分、评分标准建立等，建立本部门的《绩效考核指标权重表》；负责部门的绩效考核制度和岗位考核表的宣贯；完成各绩效考评周期的绩效考评工作；部门绩效考评结果的反馈及绩效改进措施的实施。

4.4　审计部为绩效考核执行的监督者。负责绩效考评的抽样审计；负责绩效考评违纪的处罚方案的制订。

5. 绩效考评流程

5.1　制订绩效目标，确定考评规则

5.1.1　年度绩效考核目标：每年 1 月 20 日前各部门负责人根据本部门年度工作计划，在与员工进行沟通的基础上确定各岗位本年度绩效考核目标，报分管领导批准后，人力资源中心备案执行。

5.1.2　月度绩效考核目标：每月 3 日前各部门负责人根据本部门本月工作

计划，在与员工进行沟通的基础上确定本月绩效考核目标，报分管领导批准后，人力资源中心备案执行。

5.2 绩效跟踪与指导

5.2.1 年度绩效考核跟踪与指导：每季度次月 10 日前各部门负责人根据上季度工作结果，对照本部门年度工作计划，对于落后绩效目标进度的工作项目提出改进措施并落实整改。

5.2.2 月度绩效考核跟踪与指导：每周一各部门负责人根据上周工作结果，对照本部门月度工作计划，对于落后绩效目标进度的工作项目提出改进措施并落实整改。

5.3 绩效考评层级及时间节点的要求

5.4 绩效面谈

在考核结束一周后，各级主管必须对绩效得分 ≤ 75 的下属员工进行考核面谈。肯定业绩，指出不足，为员工职业能力和工作业绩的不断提高指明方向；讨论员工产生不足的原因，区分下属和管理者应承担的责任，以便形成双方共同认可的绩效改善点，并将其列入考核周期的绩效改进目标；在员工与主管互动的过程中，确定下一个考核周期的各项工作目标和目标任务指导书。

5.5 绩效投诉

任何员工对自己的考核结果不满意，均可以在三个工作日内向上一级主管投诉，也可以直接向人力资源中心投诉。接到投诉的主管或人力资源中心，在接到投诉后三天内，组织有关人员对投诉者进行再次评估。人力资源中心投诉邮箱：××××× 。

5.6 绩效考评的监督与责任处罚

5.6.1 绩效考评报表的输出：部门负责人于每月 3 日前将本部门应当输出的绩效考核指标数据来源表以电子版本发送至绩效组绩效对接专员处，每延迟 1 天扣 3 分。

5.6.2 绩效考核表／表单处罚：部门负责人于每月 5 日前以部门为单位将电子版本的绩效考核表和各类绩效处罚表单发送至绩效组绩效对接专员处，每延迟 1 天部门负责人扣 3 分绩效分。延迟到每月 8 日仍未完成部门绩效考核表和各类绩效处罚表单确认上交的，人力资源部绩效组将该部门员工的绩效奖金延迟到下月核算，同时对部门负责人扣 10 分绩效分。

5.6.3　绩效考核资料数据公正性原则：审计部每月对公司的绩效提报数据 / 表单进行抽样审计。发现有关数据与资料 / 表单，属于捏造、虚假的，则制作者与部门领导实发的绩效工资减半享受。

5.6.4　绩效考核资料或数据的保密管理：若有涉及公司业务数据的，则相应的部门应当遵守公司保密管理制度，不得泄密。若违之，则公司将保留追究法律责任的权利。

6. 绩效考评结果的应用： 公司本着公正、客观的原则，应用考核结果。年度和月度绩效考评表满分都设置为 100 分。考核结果与员工利益的相关性表现在以下几个方面：

6.1　月度、年度绩效奖金的分配：试用期职工原则上可不纳入绩效奖金分配，如果试用期中有约定绩效考核的，则按照约定的内容执行。每个岗位的绩效奖金基数，来源于岗位工资的结构分类，及加入公司时的有关约定，不同岗位，占综合工资比例也不相同。

6.2　绩效奖金计算公式：按照绩效工资基数除以总的配分（100 分制），计算得出每个分值的单位绩效工资，再乘以最终的绩效分数，即为所得的绩效工资。例如，某个岗位绩效工资基数为 1000 元，即单位绩效工资为 10 元，最终得分 86 分，所得绩效工资即为 860 元。

6.3　请（事）假、离职岗位绩效奖金计算：请假绩效工资：当月请（事）假 ≥ 5 天，绩效结果扣 5 分；年度请（事）假 ≥ 15 天，绩效结果扣 5 分。离职绩效工资：离职当月出勤 ≤ 10 天，取消当月绩效工资；在公司年度绩效考核工作完成前离职的员工，不享受公司的年度绩效奖金。

6.4　晋升、降职资格的确认：员工前 12 个月绩效考评平均分低于 80 分或年度绩效考评分低于 80 分的不得晋升。月度绩效考核连续 3 个月考评分低于 80 分、年度累计月度考评分低于 80 分的次数超过 5 次、年度绩效考评分低于 60 分的员工，公司使其岗位胜任力不符合公司要求，予以降职。

6.5　年度薪酬调整分配：员工前 12 个月绩效考评平均分低于 80 分或年度绩效考评分低于 80 分的不得参加公司年度调薪。

6.6 公司各类优秀、先进奖项的评选：员工前 12 个月绩效考评平均分低于 80 分或年度绩效考评分低于 80 分的不得参加各类优秀、先进奖励的评选。

6.7 其他资格的确认，具体参见资格评定条件。

7. 附件

7.1 《部门 KPI 绩效考评关联权重表模板》；

7.2 《绩效考核指标数据来源汇总表》；

7.3 《岗位绩效考核表模板》；

7.4 《绩效考核结果汇总表》。

8. 本管理制度由人力资源中心负责解释说明及修订。

表 1 部门 KPI 绩效考评关联权重表

序号	关联部门 / 关联人 / KPI 指标	考核细则	××经理	××主管	××主管	××主管	备注
				岗 位			
1			10%				
2			10%				
3			10%				
4			10%				
5			10%				
6			10%				
7			10%				
8			5%				
9			5%				
10	日常工作	S：10%，≥ 18 分；A：20%，16-17 分；B：40%，14-15 分；C：20%，12-13 分；D：10%，≤ 10 分	20%				
合计			100%	0%	0%	0%	

制作：　　　　　　审核：　　　　　　审批

表 2　绩效考核指标数据来源汇总表

序号	KPI 指标 / 项目	报表名称	定义 / 计算公式	提交部门	提交日期	提交周期
1					每月 3 日前	月 / 年
2						
3						
4						
5						
6						
7						
8						
9						
10						
11						
12						
13						
14						

制作：　　　　　　　审核：　　　　　　　审批：

表 3　岗位绩效考核表

被考核人：　　　　　　考核周期：　　年　　月　　日至　　年　　月　　日

序号	KPI 指标	评价标准	考核周期	权重	数据来源	完成情况			
						指标	完成情况	得分	
1			月度 / 年度	10%					
2			月度 / 年度	10%					
3			月度 / 年度	10%					
4			月度 / 年度	10%					
5			月度 / 年度	10%					

续表

序号	KPI指标	评价标准	考核周期	权重	数据来源	完成情况			
						指标	完成情况	得分	
6			月度／年度	10%					
7			月度／年度	10%					
8			月度／年度	5%					
9			月度／年度	5%					
10	日常工作	S：10%，≥ 18 分； A：20%，16–17 分； B：40%，14–15 分； C：20%，12–13 分； D：10%，≤ 10 分	月度	20%	部门（线体）负责人				
合计				100%					

考评人：　　　　　　　　　考评日期：　　　　　　　　　　　　年　　月　　日

表 4　绩效考核结果汇总表

序号	部门	岗位	姓名	绩效基数	单位绩效	绩效得分	绩效工资	实发总额	应发总额	绩效比例
1										
2										
3										
4										
5										
6										
7										
8										
9										
10										
11										

续表

序号	部门	岗位	姓名	绩效基数	单位绩效	绩效得分	绩效工资	实发总额	应发总额	绩效比例
12										
13										
14										
15										
16										
17										
18										
19										
20										
21										
22										
23										
24										

制作：　　　　　审核：　　　　　审批：

（绩效比例 = 部门实发的绩效工资总额 / 应发的绩效工资总额 ×100%）

附件二　某（电商）公司绩效考核管理制度

公司绩效考核管理制度

1. 考核目的

通过对全体员工工作目标完成情况、工作职责履行情况等方面的综合评估，客观、全面、有效的衡量各岗位工作业绩，实施有效激励，不断提升工作业绩。

2. 考核对象

适用于本公司全体员工。

3. 考核部门组织

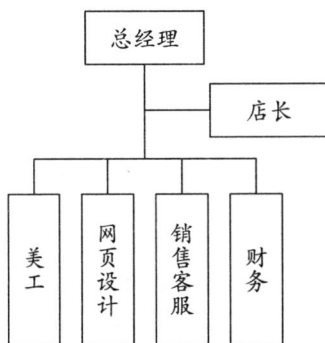

```
                  总经理
                    │
                    │──────── 店长
                    │
      ┌──────┬──────┼──────┐
     美工   网页   销售   财务
           设计   客服
```

4. 考核权责

表 1　考核权责说明表

序号	职务	姓名	职　责
1	总经理		电商的产品策划、整个店铺的运营
2	店长		推广（直通车）、分销管理、整个店铺的管理、活动统筹
3	美工		平面设计、产品设计（照片）、店铺装修
4	网页设计		活动策划、库存管理、活动报名、产品排版
5	客服		售前、全部售后
6	财务		财务、ERP 数据录入

5. 年度考核目标

表 2　年度考核目标示例表

20＿＿＿年电商经营目标			
项目	年目标	月目标	备注
销售额 / 万	×××	×××	注：营业利润已计算部门所有员工（除经理）的提成
营业利润 / 万	×××	×××	
营业利润率	×××	×××	

6. 各岗位绩效考核

（1）总经理年度绩效考核

表 3 总经理年度绩效考核表

岗位名称	基本工资（1~12月底薪）	绩效工资基数	绩效工资 KPI 构成项目	权重	目标	绩效工资系数	实际完成数	实际完成率	绩效工资	达标率	年终奖发放条件	年终奖	年工资
总经理		1.完成销售目标≥60%，超出销售额60%的业绩，给予5%的绩效 2.月销售额少于当月计划目标的60%无绩效工资 3.年销售额少于60%无年绩效工资	销售收入完成率	40%		销售收入完成率≥100%，按1.2 销售收入完成率≥95%，按1.0 销售收入完成率≥90%，按0.9 销售收入完成率≥60%，按0.8 销售收入完成率低于60%，无绩效					1.综合指标达到≥90% 2.综合指标<90%	1.补发一个月基本工资 2.无年终奖	
			净利润	20%		净利润≥5.5%，按1.2 净利润≥5%，按1.0 净利润≥4%，按0.8 净利润低于4%，无绩效							
			新品销售完成率	10%		新品销售完成率≥100%，按1.2 新品销售完成率≥90%，按1.0 新品销售完成率≥70%，按0.8 新品销售完成率低于70%，按实际完成率*0.5							
			客户满意度（平均值）	10%		客户满意度≥4.85，按1.2 客户满意度≥4.84，按1.0 客户满意度≥4.83%，按0.8 客户满意度低于4.83，无绩效							
			访客数	10%		访客数≥100%，按1.2 访客数≥90%，按1.0 访客数≥80%，按0.8 访客数低于80%，按实际完成率*0.5							
			转化率	10%		转化率≥100%，按1.2 转化率≥95%，按1.0 转化率≥85%，按0.8 转化率低于85%，按实际完成率*0.5							

（2）店长月度绩效考核

表 4 店长月度绩效考核表

岗位名称	基本工资	绩效工资基数	KPI	权重	目标（绩效工资系数）	实际完成数	实际完成率	绩效工资	达标率	年终奖发放条件	年终奖	月工资
店长		1. 完成销售目标≥60%，超出销售额60%的业绩，给予超出销售额5%的绩效工资 2. 月销售额少于当月计划目标的60%无月绩效工资 3. 年销售额少于60%无年绩效工资	销售收入完成率	30%	销售收入完成率≥100%，按1.2 销售收入完成率≥95%，按1.0 销售收入完成率≥90%，按0.9 销售收入完成率≥60%，按0.8 销售收入完成率低于60%，无绩效					1. 综合指标达到≥90% 2. 综合指标达标<90%	1. 补发一个月基本工资 <2年终奖	
			净利润	20%	净利润≥5.5%，按1.2 净利润≥5%，按1.0 净利润≥4%，按0.8 净利润低于4%，无绩效							
			新品销售完成率	20%	新品销售完成率≥100%，按1.2 新品销售完成率≥90%，按1.0 新品销售完成率≥70%，按0.8 新品销售完成率低于70%，按实际完成率*0.5							
			客户满意度（平均值）	10%	客户满意度≥4.85，按1.2 客户满意度≥4.84，按1.0 客户满意度≥4.83%，按0.8 客户满意度低于4.83，无绩效							
			访客数	10%	访客数≥100%，按1.2 访客数≥90%，按1.0 访客数≥80%，按0.8 访客数低于80%，按实际完成率*0.5							
			转化率	10%	转化率≥100%，按1.2 转化率≥95%，按1.0 转化率≥85%，按0.8 转化率低于85%，按实际完成率*0.5							

（3）客服月度绩效考核

表 5　售前客服月度绩效考核表

岗位名称	基本工资	绩效工资基数	KPI	权重	目标	绩效工资系数	实际完成数	实际完成率	绩效工资	达标率	年终奖发放条件	年终奖	月工资
电子商务售前客服		1. 完成销售目标 ≥ 70%，< 85% 的，给予销售额 0.3% 的绩效 2. 完成销售目标 ≥ 85%，< 95% 的，给予销售额 0.35% 的绩效 3. 完成销售目标 ≥ 95%，< 100%，给予销售额 0.4% 的绩效 4. 完成销售目标 ≥ 100%，超出部分给予 0.45% 的绩效 5. 月销售额少于当月计划目标的 60% 无月绩效工资 6. 年销售额少于 60% 无年绩效工资	销售收入完成率	50%		销售收入完成率 ≥ 100%，按 1.2 销售收入完成率 ≥ 95%，按 1.0 销售收入完成率 ≥ 90%，按 0.9 销售收入完成率 ≥ 70%，按 0.7 销售收入完成率低于 70%，无绩效					1. 综合指标达到 ≥ 90% 2. 综合指标达标 < 90%	1. 补发一个月基本工资 2. 无年终奖	
			客户满意度（平均值）	30%		客户满意度 ≥ 4.86，按 1.2 客户满意度 ≥ 4.85，按 1.0 客户满意度 ≥ 4.84%，按 0.8 客户满意度低于 4.84，无绩效							
			转化率	20%		转化率 ≥ 100%，按 1.2 转化率 ≥ 95%，按 1.0 转化率 ≥ 85%，按 0.8 转化率低于 85%，按实际完成率 *0.5							

表 6　售后客服月度绩效考核表

岗位名称	基本工资	绩效工资基数	KPI	权重	目标　绩效工资系数	实际完成数	实际完成成率	绩效工资	达标率	年终奖发放条件	年终奖	月工资
电子商务售后客服		1. 完成销售目标的 ≥ 70%，< 85%，给予销售额 0.3% 的绩效 2. 完成销售目标的 ≥ 85%，< 95%，给予销售额 0.35% 的绩效 3. 完成销售目标的 ≥ 95%，< 100%，给予销售额 0.4% 的绩效 4. 完成销售目标的 ≥ 100%，超出部分给予 0.45% 的绩效 4. 月销售额少于当月计划目标的 60% 无月绩效工资 5. 年销售额少于 60% 无年绩效工资	退款完结时长	60%	退款完结时长低于 X 小时，按 1.2 退款完结时长低于 X 小时，按 1.0 退款完结时长低于 X 小时，按 0.9 退款完结时长低于 X 小时，按 0.7 退款完结时长低于 X 小时，无绩效					1. 综合达标到 ≥ 90% 2. 综合达标 < 90%	1. 补发一个月基本工资 2. 无年终奖	
			退款纠纷率	30%	退款纠纷率低于 X%，按 1.2 退款纠纷率低于 X%，按 1.0 退款纠纷率低于 X%，按 0.8 退款纠纷率低于 X%，无绩效							
			退款自主完结率	10%	退款自主完结率 ≥ 100%，按 1.2 退款自主完结率 ≥ 95%，按 1.0 退款自主完结率 ≥ 85%，按 0.8 退款自主完结率低于 85%，按实际完成率							

（4）美工月度绩效考核

表 7　美工月度绩效考核表

岗位名称	基本工资	绩效工资基数	KPI	权重	目标	绩效工资系数	实际完成数	实际完成率	绩效工资	达标率	年终奖发放条件	年终奖	月工资
电子商务美工		1. 完成销售目标≥70%，<85%的，给予销售额0.3%的绩效 2. 完成销售目标≥85%，<95%的，给予销售额0.35%的绩效 3. 完成销售目标≥95%，<100%，给予销售额0.4%的绩效 4. 完成销售目标≥100%，超出部分给予0.45%的绩效 5. 月销售额少于当月计划目标的60%无月绩效工资 6. 年销售额少于60%无年绩效工资	销售收入完成率	40%		销售收入完成率≥100%，按1.2 销售收入完成率≥95%，按1.0 销售收入完成率≥90%，按0.9 销售收入完成率≥70%，按0.7 销售收入完成率低于70%，无绩效					1. 综合指标达到≥90% 2. 综合指标达标<90%	1. 补发一个月基本工资 2. 无年终奖	
			客户访问深度	40%		客户访问深度≥81%，按1.2 客户访问深度≥80%，按1.0 客户访问深度≥61%，按0.8 客户访问深度低于60%，无绩效							
			转化率	20%		转化率≥100%，按1.2 转化率≥95%，按1.0 转化率≥85%，按0.8 转化率低于85%，按实际完成率*0.5							

（5）网页设计师月度绩效考核

表 8　网页设计师月度绩效考核表

岗位名称	基本工资	绩效工资基数	KPI	权重	目标	绩效工资系数	实际完成数	实际完成率	绩效工资	达标率	年终奖发放条件	年终奖	月工资
电子商务网页设计师		1. 完成销售目标≥70%、<85%的，给予销售额0.3%的绩效 2. 完成销售目标≥85%、<95%的，给予销售额0.35%的绩效 3. 完成销售目标≥95%、<100%的，给予销售额0.4%的绩效 4. 完成销售目标≥100%，超出部分给予0.45%的绩效 4. 月销售额少于当月计划工资60%无月绩效工资 5. 年销售额少于60%无年绩效工资	销售收入完成率	30%		销售收入完成率≥100%，按1.2 销售收入完成率≥95%，按1.0 销售收入完成率≥90%，按0.9 销售收入完成率≥70%，按0.7 销售收入完成率低于70%，无绩效				%			
			客户访问深度	40%		客户满意度≥4.86，按1.2 客户满意度≥4.85，按1.0 客户满意度≥4.84，按0.8 客户满意度低于4.84，无绩效				%	1. 综合指标达到≥90% 2. 综合指标达标<90%	1. 补发一个月基本工资 2. 无年终奖	
			转化率	30%		转化率≥100%，按1.2 转化率≥95%，按1.0 转化率≥85%，按0.8 转化率低于85%，按实际完成率*0.5				%			

（6）财务月度绩效考核表

表9　财务月度绩效考核表

岗位名称	基本工资	绩效工资基数	KPI	权重	目标	绩效工资系数	实际完成数	实际完成率	绩效工资	达标率	年终奖发放条件	年终奖	月工资
电子商务财务会计		1. 完成销售目标≥70%，<85%的给予销售额0.3%的绩效	净利润	20%		净利润≥5.5%，按1.2				%			
		2. 完成销售目标≥85%，<95%的给予销售额0.35%的绩效				净利润≥5%，按1.0							
		3. 完成销售目标≥95%，<100%的给予销售额0.4%的绩效				净利润≥4%，按0.8							
		4. 完成销售目标≥100%，超出部分给予0.45%的绩效	客户满意度（平均值）	20%		净利润低于4%，无绩效				%	1. 综合指标达到≥90%	1. 补发一个月基本工资	
		5. 月销售额少于月计划目标的60%无月绩效工资				客户满意度≥4.86，按1.2					2. 综合指标达标<90%	2. 无年终奖	
		6. 年销售额少于年计划目标的60%无年绩效工资	费用预算控制	30%		客户满意度≥4.85，按1.0				%			
						客户满意度≥4.84，按0.8							
						客户满意度低于4.84，无绩效							
						费用预算控制低于100%，高于90%，按1.2							
						费用预算控制低于90%，高于80%，按1.0							
						费用预算控制低于80%，按0.8							

7. 绩效奖金发放原则

1. 部门人员中途离职，提出日到办理离职日绩效按 50% 计算，留成提成取消；

2. 如有侵害公司利益的行为，取消提成，并按公司相关制度处理，公司保持对发放提成的追溯；

3. 月度、季度绩效奖金统一按本方案考核，时间为跨月考核。

8. 本制度从签批之日起执行，试行一年。

附件三 某（物流）公司绩效考核管理制度

公司绩效考核管理制度

1. 目的

为达成公司经营目标，提升公司业绩，充分调动员工积极性，提高工作效率，激发员工个人潜力，促进公司、员工共同发展，特制定本绩效考核管理制度。

2. 适应范围

本绩效考核管理制度适用所有转正员工。

3. 工资的组成

平时工资： 月工资总额＝基本工资＋绩效工资（绩效系数

年终奖金： 年终奖金＝年终奖金基数（岗位系数（绩效系数（员工以月绩效系数平均值为准，主管以上员工以年度考核系数为准）

〈注：员工的加班工资核算基数为基本工资，再乘以相关加班系数与天数；年终奖金只适用正式员工。〉

4. 考核原则

4.1 公开原则：考核指标的制订与调整，均需由被考核者与考核者共同参与协商完成，员工有知晓自己的详细考核结果的权利。

4.2 客观原则：要做到"用事实说话"，对被考核者的任何评价都应有明确的评价标准与客观事实依据，考核要客观地反映实际情况，坚决避免印象偏差、亲近性、以偏概全等现象带来的误差。

4.3 反馈原则：考核结果要及时反馈给被考核者本人，肯定成绩，指出不足，并提出今后努力改进的方向。

4.4　申诉原则：被考核者认为有失公正的地方，可以要求考核者进行必要的解释并可向人力资源部提出申诉。

4.5　激励原则：各级主管要切实做到激励先进、鞭策落后和使优者多得，差者少得或不得，与员工薪酬、晋升、晋薪挂钩。

5. 考核周期与考核责任人

5.1　考核周期：

1）月度考核：与员工的月绩效工资、岗位调整挂钩；

2）年度考核：与部门主管（含）以上员工年终奖金挂钩，与员工的晋升、晋薪挂钩。

5.2　考核责任人与交考核表时间如下表：

表 1　考核责任人与交考核表时间列表

考评责任人	考核对象	交考核表时间	备　注
各部门责任人主管	部门主管以下员工	每月 3 号之前交上月的考核表于人力资源部	1. 部门只有经理或主管的，经理或主管为部门责任人，部门既有经理又有主管的，主管为第一责任人，经理为第二责任人，部门经理有权在主管的考核分数上奖罚分
部门经理	部门主管	每月 3 号之前交上月的考核表于人力资源部	
总经理	各部门责任人经理	每月 4 号之前交上月的考核表于人力资源部	2. 部门有经理也有主管的，部门主管的考核以经理和总经理的考核各占 60% 和 40% 的权重
人力资源部	所有员工的考核分数汇总	每月 5 之前将上月所有员工的考核分数汇总交总经理	

注：年度考核的时间以具体通知为准。

6. 考核办法

6.1　考核方式与适用对象

表 2 考核方式与适用对象表

考核方式	适用对象
KPI（关键指标）考核	人力资源部员工、客服部员工、财务部员工
KPI（关键指标）兼 MBO（目标管理）考核	物流部员工

6.2 KPI 绩效指标的制定均应符合"SMART"原则，即"具体的（S）"、"可度量的（M）"、"可实现的（A）"、"现实的（R）"、"有截止期限的（T）"，各岗位的 KPI 指标不能超过 7 项，各项指标应尽量量化，对不能量化的 KPI 指标则应详细定性化。

6.3 MBO 考核以年初制定的年度目标为准，图书部和课本部主要目标指标为营业收入和成本率，市场部主要目标指标为营业收入和账款回笼率。

6.4 （部分）岗位的具体考核表。

表 3　物流公司总经理＿＿月份 KPI 考核表

	指标	目标	权重	定义	完成情况	自评分	上级评分	备注
1	利润达成率							
2	销售额完成率							
3	销售费用控管率							
KPI	4	大客户增长数						
5	新客户销售额							
6	客户满意度							
	合计			/				

说明：KPI 之外其它特殊事项的加分评价及扣分评价（加分与扣分不得超过 10 分）

No	加 / 扣分事项	加 / 扣分
1	如果本岗位主动提出增加 KPI 考核指标，经主管核实已执行奖 1-10 分 / 总项。	加（　　）分
2	如果上级领导或者其他部门提出对该岗位的 KPI 考核指标，经主管核实未执行扣 1-10 分 / 总项。	扣（　　）分

被考核人：　　　　　　时间：　　　　　　考核人：　　　　　　时间：

表 4　物流公司业务经理＿＿＿月份 KPI 考核表

	指标	目标	权重	定义	完成情况	自评分	上级评分	备注
1	利润达成率							
2	销售额完成率							
3	销售费用控管率							
KPI 4	大客户增长数							
5	新客户销售额							
6	客户满意度							
	合计			/				

说明：KPI 之外其它特殊事项的加分评价及扣分评价（加分与扣分不得超过 10 分）

No	加 / 扣分事项	加 / 扣分	签名
1	如果本岗位主动提出增加 KPI 考核指标，经主管核实已执行奖 1-10 分 / 总项。	加（　　　）分	
2	如果上级领导或者其他部门提出对该岗位的 KPI 考核指标，经主管核实未执行扣 1-10 分 / 总项。	扣（　　　）分	

被考核人：　　　　　　　时间：　　　　　　　考核人：　　　　　　　时间：

表 5　物流公司财务经理＿月份 KPI 考核表

	指标	目标	权重	定义	完成情况	自评评分	上级评分	备注
KPI	1	预算准确率						
	2	资产盘点准确率						
	3	财务报表提交及时率						
	4	财务报表提交准确率						
	5	回款率						
	6	库存物资降低率						
		合计		/				

说明：KPI 之外其它特殊事项的加分评价及扣分评价（加分与扣分不得超过 10 分）

No	加 / 扣分事项	加 / 扣分	签名
1	如果本岗位主动提出增加 KPI 考核指标，经主管核实已执行奖 1-10 分 / 总项。	加（　　）分	
2	如果上级领导或者其他部门提出对该岗位的 KPI 考核指标，经主管核实未执行扣 1-10 分 / 总项。	扣（　　）分	

被考核人：　　　　　时间：　　　　　考核人：　　　　　时间：

表 6　物流公司人力资源经理____月份 KPI 考核表

		指标	目标	权重	定义	完成情况	自评分	上级评分	备注
KPI	1	人员满编率							
	2	培训完成率							
	3	人效							
	4	员工满意度							
	5	人均绩效达标率							
	6	员工流失率							
		合计			/				

说明：KPI 之外其它特殊事项的加分评价及扣分评价（加分与扣分不得超过 10 分）

No	加 / 扣分事项	加 / 扣分	签名
1	如果本岗位主动提出增加 KPI 考核指标，经主管核实已执行奖 1-10 分 / 总项。	加（　　）分	
2	如果上级领导或者其他部门提出对该岗位的 KPI 考核指标，经主管核实未执行扣 1-10 分 / 总项。	扣（　　）分	

被考核人：　　　　　　时间：　　　　　　考核人：　　　　　　时间：

表 7 物流公司财务会计 ____ 月份 KPI 考核表

	指标	目标	权重	定义	完成情况	自评分	上级评分	备注
KPI	1	预算准确率						
	2	资产盘点准确率						
	3	财务报表提交准确率						
	4	财务报表提交及时率						
	5	报销及时率						
	6	成本核算准确率						
		合计			/			

说明：KPI 之外其它特殊事项的加分评价及扣分评价（加分与扣分不得超过 10 分）

No	加/扣分事项	加/扣分
1	如果本岗位主动提出增加 KPI 考核指标，经主管核实已执行奖 1-10 分/总项。	加（　）分
2	如果上级领导或者其他部门提出对该岗位的 KPI 考核指标，经主管核实未执行扣 1-10 分/总项。	扣（　）分

被考核人：　　　　时间：　　　　考核人：　　　　时间：　　　　签名：

表 8 物流公司运输主管＿＿月份 KPI 考核表

	指标	目标	权重	定义	完成情况	自评分	上级评分	备注
KPI	1	货物数量、规格、重量计量准确率						
	2	发货及时率						
	3	发货单据完整率						
	4	运输费用控管率						
	5	卸车货物损坏件数						
	6	运输安全 0 事故						
	合计			/				

说明：KPI 之外其它特殊事项的加分评价及扣分评价（加分与扣分不得超过 10 分）

No	加／扣分事项	加／扣分	签名
1	如果本岗位主动提出增加 KPI 考核指标，经主管核实已执行奖 1-10 分／总项。	加（ ）分	
2	如果上级领导或者其他部门提出对该岗位的 KPI 考核指标，经主管核实未执行扣 1-10 分／总项。	扣（ ）分	

被考核人： 时间： 考核人： 时间：

表 9　物流公司仓库主管＿＿月份 KPI 考核表

	指标	目标	权重	定义	完成情况	自评分	上级评分	备注
KPI	1 收发货物数量、规格、重量计量准确率							
	2 收发货及时率							
	3 收发货单据完整率							
	4 货物放置合规率							
	5 货物损坏件数							
	6 货物盘点及时准确率							
	合计			/				

说明：KPI 之外其它特殊事项的加分评价及扣分评价（加分与扣分不得超过 10 分）

No	加 / 扣分事项	加 / 扣分	签名
1	如果本岗位主动提出增加 KPI 考核指标，经主管核实已执行奖 1-10 分 / 总项。	加（　）分	
2	如果上级领导或者其他部门提出对该岗位的 KPI 考核指标，经主管核实未执行扣 1-10 分 / 总项。	扣（　）分	

被考核人：　　　　时间：　　　　考核人：　　　　时间：

表 10 物流公司发货员___月份 KPI 考核表

		指标	目标	权重	定义	完成情况	自评评分	上级评分	备注
KPI	1	货物发放数量、规格、重量、计量准确率							
	2	发货及时率							
	3	发货单据完整率							
	4	仓库 7S 达标率							
	5	发货物品损坏件数							
	6	客户满意度							
		合计			/				

说明：KPI 之外其它特殊事项的加分评价及扣分评价（加分与扣分不得超过 10 分）

No	加 / 扣分事项	加 / 扣分	签名
1	如果本岗位主动提出增加 KPI 考核指标，经主管核实已执行奖 1~10 分 / 总项。	加（ ）分	
2	如果上级领导或者其他部门提出对该岗位的 KPI 考核指标，经主管核实未执行扣 1~10 分 / 总项。	扣（ ）分	

被考核人： 时间： 考核人： 时间：

表 11 物流公司仓管员___月份 KPI 考核表

	指标	目标	权重	定义	完成情况	自评分	上级评分	备注
KPI	1	收货物数量、规格、重量计量准确率							
	2	收发货及时率							
	3	收发货单据完整率							
	4	货物放置合规率							
	5	货物盘点及时准确率							
	6	仓库 7S 达标率							
		合计			/				

说明：KPI 之外其它特殊事项的加分评价及扣分评价（加分与扣分不得超过 10 分）

加 / 扣分事项				
No			加 / 扣分	签名
1	如果本岗位主动提出增加 KPI 考核指标，经主管核实已执行奖 1~10 分 / 总项。		加（ ）分	
2	如果上级领导或者其他部门提出对该岗位的 KPI 考核指标，经主管核实未执行扣 1~10 分 / 总项。		扣（ ）分	

被考核人：　　　　　时间：　　　　　　　考核人：　　　　　时间：

表 12 物流公司驾驶员＿＿月份 KPI 考核表

		指标	目标	权重	定义	完成情况	自评分	上级评分	备注
KPI	1	货物按时送达率							
	2	车辆保养次数							
	3	车辆违规次数							
	4	货物运输达标率							
	5	货物在途损坏件数							
	6	运输安全 0 事故							
		合计			/				

说明：KPI 之外其它特殊事项的加分评价及扣分评价（加分与扣分不得超过 10 分）

No.	加 / 扣分事项		加 / 扣分	签名
1	如果本岗位主动提出增加 KPI 考核指标，经主管核实已执行且奖 1-10 分 / 总项。		加（　）分	
2	如果上级领导或者其他部门提出对该岗位的 KPI 考核指标，经主管核实未执行扣 1-10 分 / 总项。		扣（　）分	

被考核人：　　　　　时间：　　　　　考核人：　　　　　时间：

7. 考核结果应用

7.1 为员工月工资度绩效工资和年终奖的发放提供依据，绩效系数如下表：

KPI 分数	< 100 分 ≥ 90 分	< 90 分 ≥ 80 分	< 80 分 ≥ 60 分	< 60 分
绩效系数	1	0.8	0.5	0

7.2 为员工的晋升、晋薪、岗位调整和解除劳动合同提供依据。

1）员工申报晋升、调薪参与考核的条件如下：

A、在同一岗位上工作 1 年以上；

B、半年内月度考核分数均不低于 95 分；

C、半年内无书面以上处罚记录；

D、至少有一次以上改进部门流程并有利于提高工作效率的建议。

2）调薪实行逐级制，最高不得超过本岗位最高等级工资标准。

3）员工通过考核晋升后，在新岗位先见习三个月，见习期的工资为原岗位工资标准，三个月见习期满后，通过相关考核转正当月适用新晋升岗位工资，新晋升员工的工资适用本岗位最低等级工资标准。

4）岗位调整当月的考核以天数较多的岗位考核分数为准。

5）员工连续两个月考核分数低于 60 分者，公司先将此员工进行调岗，调岗后考核分数（满月）仍低于 60 分者，公司将建议与其解除其劳动合同，调岗当月的考核分数以天数较多的岗位考核分数为准，离职员工的当月绩效工资不予发放。

7.3 为管理者和员工提供一个正式沟通的机会，促进管理者和员工的相互了解和信任，使员工明白自身的优势、不足和努力方向；加强部门之间的协作，提高管理的穿透力和工作效率。使公司能及时准确地获得员工地工作信息，为改进公司管理提供有效依据。

8. 绩效考核管理流程

绩效考核管理分为四部：制度绩效计划，绩效沟通，绩效考核与反馈，绩效诊断与提高。

8.1　制度绩效计划，绩效计划是整个绩效管理流程中的第一个环节，管理者和被管理者之间需要在对被管理者绩效的期望问题上达成共识。在共识的基础上，被管理者对自己的工作目标做出承诺。管理者和被管理者共同的投入和参与是进行绩效管理的基础，在绩效计划里，主要的工作是为员工指定关键绩效指标。

8.2　绩效考核沟通与辅导，在此阶段，管理者应扮演辅导员和教练员的角色，以指导者和帮助者的姿态与员工保持积极的双向沟通，帮助员工理清工作思路，此环节管理者所要做的一个重要工作就是观察和记录员工的绩效表现，形成员工业绩档案。

8.3　绩效考核与反馈，在此阶段，管理者所扮演的角色主要是公证员。即管理者本着公开、公平、公正的原则给被考核者进行考核评分，并进行反馈面谈，通过绩效反馈面谈，使员工全面了解他们自己的绩效状况。

4.绩效诊断与提高有两个方面的含义，一是对公司所采用的绩效管理体系以及管理者的管理方式进行诊断，一是对员工本绩效周期内存在绩效不足进行诊断，通过这两个方面的诊断，得出结论，放到下一 PDCA 循环里加以改进和提高。在绩效诊断与提高阶段，管理者所扮演的角色主要是诊断专家，对自己以及员工在绩效管理各方面的工作进行诊断，找出问题和不足，以在下一绩效周期内做出改进。

9. 附则

本制度的解释权归属 E 路通物流有限公司人力资源部

附件四　某（外贸）公司绩效考核管理制度

公司绩效考核管理制度

1. 目的

建立企业绩效管理系统，对企业员工绩效进行系统地评定、测量其工作行为和效果，以改善、提升组织绩效，促使公司战略目标有效、快速地达成。

2. 原则

2.1　绩效考核关系到考核者、被考核者以及公司整体利益。管理层级员工自身是考核者，亦是被考核

者，其考核他人的结果直接体现出该管理者素养、能力和公平公正程度。

2.2　被考核者期望自己工作被得到上级和公司的肯定及承认，考核者必须根据日常业务工作中的观察和记录如实作出有理有据之评价。

2.3　被考核者期望得到公平公正之考核结果，考核者必须消除对被考核者的个人好恶感、同情心等偏见，排除对上对下的各种顾虑，依照综合指标和标准进行定量和定性之评价。

2.4　不对考核期外、职务工作外的事实和行为进行评价。

2.5　公司对考核者充分信赖，考核者应依照自己得出的评价结论，对被考核者进行扬长补短的指导教育。

2.6　本制度适用于总经理以下（不含总经理）级所有员工。

3. 考核分类

3.1　试用期转正考核

3.2　月度绩效考核

3.3　年度绩效考核

4. 考核时间

4.1　试用期考核：入职未达三个月以上／年（不含三个月）者，对其进行转正考核即可，而不再列入年度绩效考核的被考核者范围内。在原有职务上已符合时限但由于职务异动而致使在新岗位上未满三个月者除外。

4.2　月度考核：凡转正员工均需进行月度考核，以一个月为单位进行考核。

4.3　年度考核

1）年中绩效考核：每年 7 月份，对月度考核员工进行半年度绩效考核，考核成绩以 1 至 6 月考核成绩的平均分作为半年度绩效考核成绩，公司根据考核结果对全体员工给予相应奖惩、调职等。

2）年末绩效考核：每年 1 月份，对上年度 1 至 12 月考核成绩的平均分作为年度绩效考核成绩，公司根据考核结果对全体员工给予相应奖惩、调职、调薪等。

5. 考核程序

5.1　绩效考核由被考核人、被考核人的直接上级、部门经理、人力资源部人员共同参与。

5.2　各部门管理人员对被考核人的评估状况，由人力资源部仅派员监核、记录，力求公正有序。

5.3　人力资源部依照部门分别统计填写"员工绩效考核汇总表（试用期／月度／年度），经总经理审批后，填写"员工绩考结果通知单"送达各部门经理处，由各部门经理将通知单送达员工本人。

6. 考核内容：各部门根据考核内容，按岗位选择考核指标，按重要程度分配权重进行考核。

6.1　出品部考核

表 1　出品部考核表

序号	KPI 指标	考核目标	指标定义／公式	备注
1	出口产品销售收入		考核期内出口产品的销售收入	
2	出口量		考核期内出口商品的数量	

序号	KPI 指标	考核目标	指标定义 / 公式	备注
3	出口任务达成率		$\dfrac{考核期内实际完成出口额}{考核期内计划出口额} \times 100\%$	
4	出口利润率		$\dfrac{出口销售收入－销售成本－销售税金及附加}{出口销售收入} \times 100\%$	
5	出口回款及时率		$\dfrac{出口回款及时的次数}{出口回款总次数} \times 100\%$	
6	出口收汇率		在一个考核期内应当收汇核销的出口额中已经收汇核销的金额与该考核期内应当收汇核销的出口额之比	
7	交单率		在一个考核期内所领取的出口收汇核销单（以下简称核销单）中已交回存根份数与该考核期内所领取的核销单份数减去已注销份数（不含挂失份数）之比	
8	客户满意度		接受调研的客户对出口部服务满意度评分的算术平均值	

6.2 进口部考核

表 2　进口部考核表

序号	KPI 指标	考核目标	指标定义 / 公式	备注
1	进口计划按时完成率		$\dfrac{出口回款及时的次数}{出口回款总次数} \times 100\%$	
2	单位进口成本降低率		$\dfrac{实际完成进口额或数量}{计划完成进口额或数量} \times 100\%$	
3	进口索赔事件次数		考核期内因进口质量原因发生索赔事件的次数	
4	进口供应商履约率		$\dfrac{单位进口成本降低额}{单位进口成本预算额} \times 100\%$	
5	因贸易争议处理不当造成的经济损失		考核期内因贸易争议处理不当造成的经济损失金额	
6	供应商的满意度		接受调研的供应商对进口部服务满意度评分的算术平均值	

6.3 单证部考核

表 3 单证部考核表

序号	KPI 指标	考核目标	绩效目标值	备注
1	单证任务达成率		考核期内任务达成率达到 100%	
2	单证办理准确率		考核期内单证办理准确率达到 100%	
3	退单率		考核期内退单率控制在____% 之内	
4	部门管理费用控制		考核期内部门管理费用控制在预算范围之内	
5	单证制作及时率		考核期内单证制作在规定的时间内完成，每延迟一次扣 2 分	
6	客户满意度		考核期内接受调研的客户对单证部服务满意度评分的算术平均值达到____分以上	
7	订单毛利率		考核期内订单毛利率达____% 以上	
8	订单准时交货率		考核期内订单准时交货率在____% 以上	
9	单证数据准确率		考核期内单证数据出现差错次数在____次以下	
10	员工管理		考核期内员工绩效考核评分达到____分以上	

6.4 结算部考核

表 4 结算部考核表

序号	KPI 指标	目标	绩效目标值	备注
1	部门工作计划完成率		考核期内部门工作计划完成率达 100%	
2	结算业务数量		考核期内完成不少于____笔的业务数量	
3	部门费用预算达成率		考核期内费用预算达成率达到____%	

序号	KPI 指标	目标	绩效目标值	备注
4	结算手续办理出错率		考核期内结算手续办理出错率控制在____%之内	
5	结算手续办理的及时性		考核期内结算手续办理发生延误的次数在____次以下	
6	对账差错率		考核期内对账差错率在____%以下	
7	结算档案管理的规范性		结算档案管理是否符合公司相关规定，根据检查结果，每发现一次扣2分	
8	部门协作满意度		相关部门满意度调查问卷得分的算术平均分数在____分以上	
9	员工任职资格达标率		部门员工任职资格达标率在____%以上	
10	员工管理		考核期内员工绩效考核评分达到____分以上	

7. 考核评级、调薪、奖惩标准

7.1 依据年度绩考结果的不同等级，将员工基本工资（即底薪）增加或降低相应比例，从而达到奖优罚劣、鞭策激励之效果，具体标准如下：

表 5　年度考核结果等级表

评定级别	总评得分	评定结果
A、优秀级	91 分以上	相当出色，无可挑剔
B、优良级	81–90 分	表现优秀，可塑性高
C、达标级	60–80 分	能尽职工作，效果 / 业绩达标
D、稍差级	59–40 分	问题较多，必须纠正调整提高
E、淘汰级	40 分以下	即将淘汰

7.2 绩考结果的总评分数将四舍五入后取整数。

8. 人力资源部将员工绩效考核期间内所有奖惩记录汇总评分，评分标准如下：

8.1 本年度无任何惩处记录，得 55 分。

8.2 奖励：通报表扬3分/次；记功：4分/次；记大功：5分/次；特别重大贡献9分/次。

8.3 惩戒：警告扣1分/次；记过扣3分/次；大过扣9分/次。

人力资源部评分=（无惩处得分55分＋奖励分—惩戒分）×20%

9. 附则

9.1 本制度由人力资源部制定并负责解释，如有未尽事宜另行补充、变更。

9.2 本制度报总经理批准后实行，如修改时亦同。

9.3 本制度实施后，凡既有类似之规章制度自行废止，与本制度有抵触者以本制度为准。

9.4 本制度自颁布之日起实施。

附件五 某（房地产）公司绩效考核管理制度

公司绩效考核管理制度

1. 目的

1.1 建立企业绩效管理系统，引导员工持续改善、提升绩效，促使公司战略目标有效、快速地达成。

1.2 通过客观评价员工的工作绩效和能力，帮助员工提升自身工作水平和能力，从而有效提升公司整体绩效，实现公司发展战略与人力资源战略。

2. 范围

2.1 企业正式员工。

2.2 第三方派驻员工。

3. 职责

3.1 人力资源部负责组织绩效考评，负责建立与保管员工考评档案，负责实施个人鉴定，负责员工绩效的应用工作。

3.2 财务部负责提供销售目标、利润目标和部门及月达成目标。

3.3 审计部门负责审计所有考评数据的真实性。

3.4 其他相关部门负责提供非财务指标数据。

4. 定义

4.1 任务绩效

任务绩效：是指被考核人员通过努力所取得的工作成果。考核任务绩效的指标分为定量指标和定性指标。部门与员工的任务绩效指标通过工作责任状与工作责任书来体现。

4.2　周边绩效

周边绩效：是指一个部门（个人）与其它部门（个人）在合作中表现出的绩效，主要从主动性、响应时间、解决问题时间、信息反馈及时、服务质量等方面进行评价。

4.3　管理绩效

管理绩效：是指对管理人员对下属人员管理效果的评价。

5. 考核内容

5.1　绩效考核周期

1）公司高管层、职能部门和职能部门员工均实行半年考核和年度考核相结合，以日常沟通和持续改进为基础。

2）半年考核于每年七月初 1–15 日内完成，年度考核于次年元月 1–20 日内完成。

3）项目部实行半年考核和年度考核，同时，项目结束后还实行项目总体考核。对于项目经理，在项目竣工结束后满 1 年还实行售后考核。

4）项目总体考核在工程决算完成并办理完交接后 30 日内完成。

5.2　考核维度

1）考核维度是对考核对象考核的方面和角度。

2）一般员工（包含有部门正职的部门副经理）的考核内容为任务绩效考核、周边绩效考核。

3）中层正职（包含承担部门负责人职责的部门副经理）的考核内容由任务绩效考核、周边绩效考核和管理绩效考核构成。部门经理业绩考核以部门绩效考核结果为依据，通过年度述职会议与管理绩效考核得分加权后确定。

4）高层管理人员的考核内容包括任务绩效、管理绩效和周边绩效三个方面，通过述职会议形式进行。

5.3　指标设立的要求

1）可控性：指标能够测量或具有明确的评价标准，必须是考核对象所能影响或改变的；

2）关键性：指标项不宜过多，注重于对业绩有直接影响的关键指标；

3）挑战性：目标应综合考虑历史业绩、未来发展预测、同行业竞争对手的业绩、客户特征、个人能力经验确定，不宜过高或过低，应使被考核人经过努力可以达到；

4）一致性：各层次目标应保持一致，下一级目标要以分解、完成上一级目标为基准；

5）民主性：所有考核目标的制定均应由考核对象与其直接上级共同商定。

5.4 考核主体

表 1 考核主体表

被考核对象	考核维度	考核主体
高管层	任务绩效	人力资源部（绩效考核会议）
	管理绩效	直接下级
	周边绩效	其它高管人员
部门	任务绩效	人力资源部（绩效考核会议）
	周边绩效	其他相关部门
部门正职	任务绩效	人力资源部（绩效考核会议）
	周边绩效	其他相关部门
	管理绩效	直接下级
一般员工	任务绩效	部门经理（部门内述职）
	周边绩效	部门内其它人员

5.5 考核指标的权重

权重表示单个考核指标在指标体系中的相对重要程度，以及该指标针对不同的考核人评价时的相对重要程度。

6. 考核程序

6.1 业绩合同的签订

每年元月份，集团人力资源部组织各部门与各位员工编制工作责任状与工作责任书，报总裁批准并下发给各部门执行。

6.2 考核记录

考核期内，业绩合同的发约人（考核主体）对受约人（即考核对象或者被考核人）的考核维度、指标以及考核标准充分了解，建立日常考核台帐（对于定量指标应有明确的考核台账记录作为打分依据），将考核内容进行记录，作为考核打分的依据。同时，发约人（考核者）就受约人（被考核者）的表现进行考察评估，并不定期进行业绩反馈和指导，帮助被考核者实现绩效目标。

6.3　考核的启动

1）半年考核数据收集、打分和考核结果计算：

半年时，由各部门负责人与全体员工对照各自的工作责任状与工作责任书编写半年工作总结，并通过各部门召开会议的形式进行总结。

2）年度考核数据收集和打分

年度结束后 20 天内，各部门根据业绩考核要求，向人力资源部上报量化指标考核所需的数据；同时业绩合同发约人（考核主体）对受约人（考核对象）进行年度定性指标考核评分（中层及高层领导通过述职会议的形式）；需要通过调查问卷收集数据的在年度结束后 15 天内收集完毕。

年度结束后 20 天内，人力资源部负责定量指标数据和定性指标打分情况汇总，根据绩效考核计算方法计算出员工年度考核综合得分和年度考核系数，并根据薪酬制度计算员工年度绩效奖金。

3）项目部或项目部人员考核数据收集和打分

项目部或项目部人员的半年考核和年度考核按照职能部门的考核方式进行；当项目结束后，则根据业绩合同的要求，核实项目完成情况，作为项目的总体考核依据，项目总体考核结果与项目经理制定并经公司批准认可的项目实施计划所跨月份数的部分绩效奖金挂钩。

4）考核结果保存：对于所有的考核，在考核结束 5 天内人力资源部完成所有考核资料的整理归档工作。

5）考核期间如遇法定休息日，人力资源部可根据具体情况对考核安排时间进行顺延或调整。

6）考核数据要求：公司各部门提供的业绩指标数据必须真实、可靠。

7）考核数据核实方法：为保证数据收集结果的真实性和可靠性，可采取个别谈话、征求客户意见、审计工作报告、调阅有关材料和数据、听取监督部门意见等方式，对所采集的数据进行评估。发现数据与事实不符的，要及时采取措施予以更正；发现有明显舞弊行为的，人力资源部要核实并更正相关数据，同时每发生一项指标弄虚作假直接从相关责任部门负责人当期考核总得分中扣除 2 分，并将扣分情况知会该部门经理。

8）考核数据核实者：考核数据的核实由人力资源部负责。

7. 绩效考核结果应用

员工考核结果按照年度划分为以下四个级别（同一管理层级进行强制分布）。

表 2　员工考核结果级别表

评定等级	优	良	中	差
比例	15%	60%	20%	5%

7.1　员工半年考核结果和年度考核结果作为确定员工的半年绩效奖金和年度绩效奖金的直接依据。

7.2　年度考核结果是员工的职务/级别升降的重要依据。

7.3　年度考核结果是为员工制定培训需求计划和实施培训的重要依据。

7.4　年度考核结果是决定员工是否被淘汰的依据，根据员工年度考核结果，对于考核成绩连续两年为"差"的员工，公司可终止该员工劳动合同。

8. 绩效考核的反馈、申诉及其处理

8.1　绩效考核反馈

考核结束后 5 日内，由考核主体（考核人）向考核对象（被考核人）反馈考核结果。并与员工自我考评对比分析，听取员工对考核的意见，并形成绩效考核反馈记录。

8.2　绩效考核的申诉及其处理按照公司现行的相关申诉规定执行。

9. 高层管理人员绩效管理实施细则

绩效管理范围包括：集团副总裁、财务总监、总裁助理（集团总裁的考核办法由董事会另行制定；其它下属子公司的总经理、副总经理也要与其业绩挂钩，相关考核办法参照本制度另行制定）。

高层管理人员（以下所称高层管理人员均指集团副总裁、财务总监、行政总监等）进行半年考核和年度考核，半年考核和年度考核的内容和方式基本相同。

9.1 考核指标、权重和考核形式

高层管理人员的考核指标包括任务绩效、管理绩效和周边绩效指标。在考核总分中，任务绩效分值占 80% 的权重，管理绩效与周边绩效分值各占 10% 的权重。

9.2 考核实施者

总裁负责高层管理人员考核的组织和监督，通过述职会议形式进行。

9.3 考核数据

定量指标由人力资源部负责组织各部门收集汇总考核所需数据，计算考核结果并统一备案。

总裁组织述职会议（当有必要时也可引入外部专家参与）对各高层管理人员的定性指标进行评分。管理绩效指标由其直接下属评分的平均值计算得出。

定性指标和管理绩效考核指标由考核人根据被考核人日常工作情况评分，不需收集额外的考核数据。

9.4 考核结果计算

人力资源部负责根据述职会议结果将高层管理人员各项考核结果汇总、计算得出高层管理人员当期考核总分。高层管理人员的考核系数采用相对法进行计算。

高层管理人员的绩效考核系数 = 高层管理人员绩效考核分数 /（所有高层管理人员的绩效考核成绩 / 高层管理人员的人数）。

高层管理人员的当期考核系数与高层管理人员的当期效益工资挂钩。

9.5 考核结果的用途

考核系数是计算高层管理人员当期绩效奖金的重要依据，同时作为职务 / 级别升降、薪档等级升降和培训等工作的重要依据。

10. 职能部门经理绩效考核

绩效管理范围包括：开发部、策划部、造价控制部、人力资源部、战略部、财经部、市场营销部、客户关系部和行政部。分为半年考核和年度考核。

10.1 绩效考核指标和考核形式

部门绩效考核包括任务绩效（包括定量指标和定性指标）和周边绩效考核两个方面的指标。在考核总分中，任务绩效分值占 90% 的权重，周边绩效占 10% 的权重。

部门经理绩效考核包括任务绩效（包括定量指标和定性指标）、周边绩效和管理绩效三个方面的指标，其中任务绩效和周边绩效分值即为部门的任务绩效与周边绩效成绩。在考核总分中，任务绩效考核分值占 80% 的权重，管理绩效与周边绩效各占 10% 的权重。

10.2 绩效考核实施者

人力资源部负责部门考核的组织和监督，收集汇总任务绩效考核所需数据，组织召开部门述职会议。

10.3 绩效考核数据

1）定量指标的数据，由公司相关部门根据考核要求上报，或采取问卷、测评等方法获取。

2）定性指标考核由人力资源管理委员会在述职会议上根据受约人日常工作情况评分，不需收集额外的考核数据。

3）周边绩效指标，由相关联系紧密的部门经理根据考核期间部门间协作情况给予打分。

4）部门经理管理绩效考核由人力资源部组织相应部门员工对其部门经理进行评定。

10.4 绩效考核结果计算

人力资源部负责将部门考核结果汇总、计算得出部门考核总分。人力资源部负责汇总各部门经理考核得分。部门与部门经理的考核系数采用相对法进行计算。

部门的绩效考核系数 = 部门绩效考核分数 /（所有部门的绩效考核成绩 / 部门个数）

部门经理的绩效考核系数 = 部门经理绩效考核分数 /（所有部门经理的绩效考核成绩 / 部门经理个数）

10.5　绩效考核结果的用途

部门当期考核得分是计算部门当期绩效奖金的重要依据，在进行绩效奖金分配时，可以先计算出每个部门的奖金基数，再乘以各个部门的绩效考核系数，得到每个部门的绩效奖金包。（也可以直接应用于部门内每个人的绩效奖金的计算）

同时，部门当期考核得分也是计算部门经理当期任务绩效和周边绩效考核得分的依据。部门经理的绩效考核系数是计算部门经理当期奖金的依据。

11. 职能部门员工绩效管理

绩效管理范围包括：开发部、创意策划部、造价控制部、人力资源部、战略发展部、财经部、市场营销部、客户关系部和行政部所属员工。分为半年考核和年度考核，员工半年考核和年度考核内容与方式基本一致。

11.1　绩效考核指标和考核形式

部门员工考核包括任务绩效（包括定量指标和定性指标）和周边绩效两个方面的指标，在考核总分中，任务绩效分值占90%的权重，周边绩效占10%的权重。

11.2　绩效考核实施者

部门经理负责组织，人力资源部负责监督。

1）　部门经理负责组织收集本部门考核所需数据、汇总、计算考核结果并报人力资源部统一备案。

2）　部门经理负责组织本部门人员的绩效考核述职会议，通过述职会议来考察员工考核周期内的绩效表现，同时以对员工的周边绩效进行评价。

3）　各部门经理对所在部门员工（含部门副经理）的定性指标进行评分。对于业务上级为部门副经理的员工，部门经理在对此类员工进行评价时应征询部门副经理的意见。

11.3　绩效考核数据

定量指标数据由部门经理组织收集、填写、上报。定性指标考核由部门经理根据被考核人的日常工作情况（通过平时表现与述职会议）评分，不需收集额外的考核数据。

11.4　绩效考核结果计算

人力资源部负责将员工考核结果汇总，计算得出员工考核总分。

员工绩效考核系数＝员工绩效考核分数／（部门内所有员工的绩效考核成绩／部门内员工个数）。

员工当期考核系数作为员工当期绩效奖金发放的依据。

11.5　绩效考核结果应用

1）个人半年考核结果的用途

员工个人半年考核系数是计算员工半年绩效奖金的直接依据。

2）个人年度考核结果的用途

员工个人年度考核系数是计算一般员工当年年终奖的依据。

年度综合评定等级是员工职务／级别升降和培训等工作的重要依据。

12. 项目部绩效管理

12.1　项目部半年考核、年度考核与职能部门半年考核、年度考核的内容和方式和用途基本一致，项目部除实行半年考核、年度考核外，还实行项目整体考核。

12.2　项目结束整体考核

项目竣工交接结束后，由人力资源部协助人力资源管理委员会对项目进行整体评价，评价以公司与项目经理签订的项目实施方案（项目整体工作计划）为基本依据。

项目部项目经理和一般员工均实行项目结束整体考核。

12.3　项目部项目经理绩效考核

1）项目部项目经理实行半年考核、年度考核和项目结束整体考核，半年考核、年度考核的方式与内容参照部门经理的半年考核和年度考核。项目整体考核的内容包括任务绩效（包括定量指标和定性指标）、周边绩效与管理绩效考核三个方面的指标。在考核总分中，任务绩效分值占 80% 的权重，管理绩效与周边绩效各占 10% 的权重。

2）项目经理半年考核、年度考核绩效工资发放

3）项目经理当期考核系数＝项目经理当期考核得分 /100

4）项目结束整体绩效奖金发放

项目经理整体考核系数＝项目经理整体考核得分 /100

12.4　项目部一般员工绩效考核

项目部一般员工的考核内容包括任务绩效和周边绩效两个方面的指标，考核周期与项目经理考核周期一致，考核方式、考核用途等与职能部门一般员工的考核方式基本一致。

12.5　考核数据收集与处理

项目部考核数据由项目部、造价部、财经部、人力资源部等相关部门提供，其程序、方法与职能部门类似。

13. 附则

13.1　本管理制度由集团人力资源部负责解释。

13.2　本管理制度自颁布之日实施。

附件六 某（餐饮）公司绩效考核管理制度

公司绩效考核管理制度

1. 考核目的

通过考核将经营目标落实为每一个员工的关键工作，促进公司经营目标的实现；加强上下级沟通和各部门间的相互协作；通过工作绩效考核，帮助员工提高自身工作水平，从而有效提升公司整体绩效。

2. 考核原则

以提高员工绩效为导向；定性与定量考核相结合；多角度考核；公平、公正、公开。

3. 考核用途

考核结果的用途主要体现在：薪酬分配、职务晋升、岗位调动、员工培训。

4. 考核职责

4.1 综合办负责绩效考核制度制定、考评监督、结果应用；

4.2 审计办负责考核结果真实性的审查；

4.3 财务部根据绩效考核结果发放考核工资。

5. 考核周期

考核分为月度考核、季度考核、项目考核和年度考核。其中月度考核、季度考核于月度、季度结束后十日内完成；项目考核于项目结束后十日内完成，年度考核于次年一月二十日前完成。详见下表：

表 1　考核周期表

考核部门	考核对象	考核周期
行政办	公司高管人员	年度考核
公关部、财务部、审计办、房产部	职能部门全体员工	季度考核、年度考核
采购部、客房部、厨房部、单店	全体员工	月度考核、年度考核
房产部、工程部、技术部	部门负责人及参加项目的业务技术人员	项目考核、年度考核

6. 考核维度

考核维度是对考核对象考核时的不同角度、不同方面。

个人考核的考核维度主要包括绩效维度、态度维度、能力维度。每一个考核维度由相应的关键业绩指标（KPI）组成，对不同的考核对象、不同考核期间应采用不同的考核维度和不同的关键业绩指标（KPI）。

6.1　关键业绩指标（KPI）设立的原则

可控性：指标能够测量或具有明确的评价标准，必须为被考核人所能影响；

可测量性：指标能够测量的最短周期应与考核期一致；

重要性：指标项不宜过多，注重于对公司绩效有直接影响的关键指标，一般为 3-6 个；

一致性：各层次目标应保持一致，下一级目标要以分解、完成上一级目标为基准；

挑战性：指标值应综合考虑历史绩效、未来发展预测、同行业竞争对手的绩效确定，不宜过高或过低，应使被考核人经过努力达到；

民主性：所有考核指标值的制定均应由上下级人员共同商定，而不是由上级指定。双方无法达成一致时，二者的共同上级具有最终决定权。

6.2　关键业绩指标的设立

在考核期初，被考核人的直接上级根据公司和本部门的计划要求、被考核人岗位职责规定的工作任务，与被考核人共同协商制定被考核人当期工作计划和目标；

直接上级与被考核人共同协商将当期工作计划和目标转化为考核指标，其中绩效指标可从《关键业绩指标体系》中选取或根据实际情况定义新指标，报上一级主管领导审批后实施；

工作计划和考核指标的更改需经被考核人及其直接上级商定，并报上一级主管领导批准后方可生效。

关键业绩指标的权重

权重表示单个考核指标在指标体系中的相对重要程度，以及该指标由不同的考核人评价时的相对重要

程度。指标的权重一般不低于 5%，过低则难以在全部指标中体现其作用；指标之间的权重差异最好不低于 5%，以体现不同指标之间重要性的差异。

7. 考核记录

考核期初，直接上级向被考核人说明其考核维度、指标和权重，由双方讨论认可。同时，各考核

主体对被考核人的考核维度和指标充分了解，建立日常考核台帐，将考核内容进行记录，作为考核打分的依据，在被考核人有疑义时作为原始凭证，以便考核申诉的处理。

8. 考核结果确认

8.1 定量指标的考核结果确认

定量指标的考核结果直接根据被考评人该项指标实际完成情况与该指标的权重确定。

考核结果＝∑（各项考核指标分值 × 相应权重）

8.2 定性指标的考核结果确认

定性指标按照"A：杰出、B：优秀、C：良好、D：合格、E 不合格"等五个标准来进行评分，每个标准对应一段相应的分值范围，总体分值范围为0–120分，评分时以 5 分为一个单位进行打分，考核结果的具体定义和对应关系见表 2。

表 2　定性指标评分等级定义表

考核得分	120–100	99–90	89–70	69–60	59–0
标准	A：杰出	B：优秀	C：良好	D：合格	不合格

9. 考核结果的分布

一般员工个人绩效考核结果按部门或项目分组，各组按照最终考核得分进行排序后分为杰出、优秀、良好、合格、不合格五个等级，组内人员考核结果应参考表3所列的比例进行强制排序，使各员工的考核结果尽可能接近正态分布（见图1），以拉开考核结果，真正起到奖优罚劣的作用。

表 3　考核结果与强制分布对照表（参考）

考核得分	120–100	99–90	89–0	69–60	≤ 59
综合评定等级	杰出	优秀	良好	合格	不合格
综合评定等级	5%–10%	15%–20%	其余	15%–20%	5%–10%

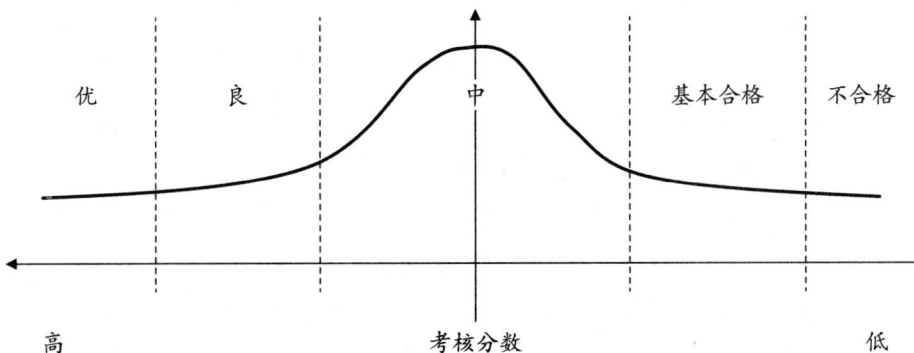

图 1　考核结果参考分布图

部门负责人考核结果不进行强制排序，其考核结果按表3直接划分为杰出、优秀、良好、合格、不合格等5个等级，按《薪酬管理制度》中规定的考核系数计算绩效工资。

10. 月度季度考核维度

10.1　部门负责人考核维度及权重

表 4　各级部门负责人考核维度、权重表

考核维度		季度考核权重	考核人
任务绩效	关键业绩指标	70%	直接上级
	月度、季度工作计划（重要任务）		
管理绩效	工作任务管理	30%	
	人员管理		

10.2 员工考核维度及权重

表 5　其他员工考核维度、权重表

考核维度		季度考核权重	考核人
任务绩效	关键业绩指标	80%	直接上级
	月度、季度工作计划（重要任务）		
	态度	20%	

11. 月度、季度考核流程

11.1　启动考核：各部门负责人在期初启动考核工作。

11.2　确定任务绩效目标：在期初五日以内（遇节假日、双休日顺延），直接上级根据公司经营计划和实际工作要求，就当期主要工作任务、考核标准、指标权重等内容与被考核人面谈，共同讨论填写《绩效考核表》。对于易量化考核的内容采用 5 个左右关键绩效指标进行考核，对于不易量化考核的内容采用工作目标设定的方式，然后确定要求达到的目标值和各个指标 / 任务的权重。确定后双方各持一份，作为本月度、季度的工作指导和考核依据。

11.3　收集资料，考核任务绩效：考核期结束后，各有关部门提供考核期间公司财务、经营等方面的详细数据资料。直接上级根据资料明确被考核人各项指标实际完成值，对比目标值，计算各项指标得分，填写《绩效考核表》中考核评分部分。

11.4　统计汇总考核结果：各部门负责人收集本部门被考核人的评分资料，综合办收集公司的考核评分资料，汇总考核结果。

11.5　审批考核结果：各部门负责人的考核结果由公司总经理质询、审批；各部门其他人员的考核结果由公司主管领导质询、审批。

11.6　考核结果反馈：直接上级将最终考核结果反馈给被考核人，双方就考核结果面谈。直接上级明确指出被考核人的成绩、优点及需改进的地方，听取被考核人的意见并详细记录。

12. 月度、季度考核结果的用途

月度、季度考核结果直接影响月度、季度的绩效工资，间接影响年度考核结果。考核结果对于薪酬的具体影响见《薪酬管理制度》。

13. 年度考核

表 6　部门负责人年度综合考核表

姓名		考核期间	年度		
部门		岗位			
考核维度	考核指标	权重	完成情况		得分
考核得分合计		100%			
考核人评语					
考核人签字		日期			

表 7　员工年度综合考核表

姓名		考核期间		年度	
部门		岗位			
考核维度	考核维度	权重	完成情况		得分
	部门考核结果	10%			
	月度 / 季度 / 项目个人考核平均值	90%			
考核得分合计		100%			
考核人评语					
考核人签字		日期			

14. 附则

14.1 本管理制度由行政办负责解释。

14.2 本管理制度自颁布之日实施。

后记　绩效考核不仅是管理技术更是管理艺术

这本写给 HR 同仁们的绩效考核实务书，经过一年多的时间磨砺，多次修改稿件，终于完成了。本人在 HR 职场奋战多年，凝聚了太多的心血和期待，这本书内容不能说写到完美，但是本人多年管理心得和经验已经深深融入其中。

绩效考核是一门管理技术，具有较强的专业性，希望很多工作经验太少的人力资源新人有机会参加系统的学习，找位资深的 HR 导师，边学边做，多积累些绩效考核的实操经验。

绩效考核也是一门管理艺术，要说绩效考核复杂的不是方法，而是人的思想，推行绩效考核前，应先统一人的思想。所以，在实施绩效考核时，要建立正激励文化，提高企业正能量的磁场，实现员工个人绩效和组织整体绩效的共同提高，促进员工和企业共同成长。

绩效考核在不同的企业有着其不同的生命周期，随着企业生命周期的变化而渐渐失去其影响力，研究与企业生命周期相匹配的绩效考核方法，也是广大 HR 的一项课题，中国的百年企业太少，我们要学的东西还很多，唯有超越企业发展的速度，才能将人力资源转换成企业的核心竞争力。

写到这里，要感谢贺主编、潘编辑在整个写作过程中的指导；还要感谢丛书的作者朋友们的支持；还要感谢曲国安博士；对我的有求必应，太多感激无以言表，诸多教诲藏记于心！还要感谢给我写推荐语的多位专家；还要感谢组织与人力资源管理研究生班的老师和同学们的鼓励；当然还要感谢那些提供资料、给予帮助的同事。

谨以此文，来表达本人最深深地谢意！

图书在版编目（CIP）数据

老 HRD 手把手教你做绩效考核：实操版 / 马同华著 . —2 版 . —北京：中国法制出版社，2019.12

（老 HRD 手把手系列丛书）

ISBN 978-7-5216-0348-4

Ⅰ . ①老…　　Ⅱ . ①马…　　Ⅲ . ①企业管理—人力资源管理　　Ⅳ . ① F272.92

中国版本图书馆 CIP 数据核字（2019）第 140427 号

策划编辑：潘孝莉（editorwendy@126.com）

责任编辑：郭会娟（gina0214@126.com）　　　　　　　　　　封面设计：汪要军

老 HRD 手把手教你做绩效考核：实操版

LAO HRD SHOUBASHOU JIAO NI ZUO JIXIAO KAOHE：SHICAOBAN

著者 / 马同华

经销 / 新华书店

印刷 / 河北鑫兆源印刷有限公司

开本 / 787 毫米 × 1092 毫米　16 开　　　　　　　　印张 / 17　字数 / 256 千

版次 / 2019 年 12 月第 2 版　　　　　　　　　　　　2019 年 12 月第 1 次印刷

中国法制出版社出版

书号 ISBN 978-7-5216-0348-4　　　　　　　　　　　　　　　定价：59.00 元

北京西单横二条 2 号　邮政编码 100031　　　　　　　　　传真：010-66031119

网址：http://www.zgfzs.com　　　　　　　　　　　　编辑部电话：010-66022958

市场营销部电话：010-66017726　　　　　　　　　　邮购部电话：010-66033288

（如有印装质量问题，请与本社印务部联系调换。电话：010-66032926）